KB016696

나와 함께 살아갈
당신에게

나와 함께 살아갈 당신에게

아내가 남편과, 남편이 아내와 나누는

인생 대화

팬덤북스

프롤로그

다시는 행복할 수 없을 것처럼 사랑하라

결혼을 인륜지대사라고 한다. 그만큼 결혼은 인간의 삶에 있어 매우 중대하다. 결혼을 하면 부모로부터 완전히 독립하여 자신만의 세대를 구성한다. 이제는 물질적으로나 정신적으로 자신만의 행복을 위해 살아야 한다. 그러기에 책임이 따르고 의무가 주어진다. 책임을 회피하고 의무를 소홀히 하면 행복한 결혼생활은 물 건너가고 만다. 행복한 결혼생활을 위해서는 많은 노력이 필요하다.

마지막 아버지 세대라고 일컫는 50~60대 남편들이 과거 자신의 아버지처럼 살다가 비참한 현실에 봉착하는 경우를 종종 본다. 하물며 30~40대 남편들이 윗세대처럼 한다면 자살 행위와도 같다. 이제는 이전 세대와는 확실히 달라져야 한다. 그렇지 않으면 행복한 결혼생활을 꿈꾸기란 요원한 일이다. 물론 남편에게만 국한된 말은 아니다. 방법에 있어서 차이가 있을 뿐 아내도 마찬가지로 변해야 한다.

가장 이상적인 부부는 언제나 연인 같은, 때론 친구 같은 사이이다. 연애 시절엔 뭐든지 아름답고 좋아 보인다. 제 눈에 안경이듯이 상대의 모든 것이 예쁘고 멋져 보인다. 눈썹 밑의 팥알만 한 검은 점도 매력적으로 보이고, 납작한 코도 클레오파트라의 코처럼 오뚝해 보이고, 뻐드렁니도 잘 여문 옥수수알처럼 보인다. 어디 그뿐인가. 웬만한 실수는 애교로 여길 만큼 속도 넉넉하다. 연애 시절엔 남녀 공히 이상적이고 긍정적으로 생각한다. 연인 같은 부부는 연애 시절처럼 서로를 깊이 배려하고 간절히 사랑하는 마음을 갖는다.

그렇다면 친구 같은 부부는 어떠한가. 친구 사이는 우정으로 맺어졌기에 어지간하면 이해하려고 노력하고 서로 아끼며 보듬어 준다. 서로를 있는 그대로 받아들이며 간섭하지 않고 격려해 준다. 친구 관계는 늙어 꼬부라질 때까지 변함없이 오래 간다. 부부 관계가 친구 같다면 서로를 더욱 챙겨 주고 이해해 주려고 한다.

사실 언제나 연인 같고 때론 친구 같은 부부는 드물다. 달콤했던 연인 관계를 벗어나 결혼을 하면 남편은 남편대로 아내는 아내대로 서로가 주도권을 잡으려고 힘겨루기를 한다. 그러다 보면 갈등이 생기고, 갈등의 골이 깊어지면 겪지 말아야 하는 일까지 겪는다.

이 책은 톨스토이, 니체, 소크라테스, 하이네, 베이컨, 몽테뉴, 앙드레 지드, 공자, 베토벤, 윌리엄 제임스, 디즈레일리, 오드리 헵번 같은 철학자, 작가, 정치가, 음악가, 영화배우, 종교인을 비롯한 여러 분야의 세계적인 위인들의 명언과 《성경》, 《탈무드》, 《명심보감》 등에 인용된 각 나라의 격언 등을 바탕으로 하여 결혼에 관한 사상과 철학을 담아냈다. 아울러 보다 아름답고 행복한 결혼생활을 위한 다양한 방법을 제시한다.

먼저 서로가 상대의 입장에서 생각하고, 작은 일에도 아낌없이 칭찬하고, 남과 비교하지 말고, 하루에 한 번 이상은 애정 표현을 하고, 아무리 바빠도 20분 정도는 둘만의 대화를 즐겨야 한다. 서로를 구속하지 말고, 자연스럽게 스킨십을 하고, 둘만의 특별한 날을 즐긴다. 이처럼 책에는 행복한 결혼생활을 유지하는 101가지의 다양한 방법이 구체적으로 나와 있어 실천에 무리가 없을 것이다.

남편과 아내 사이가 수직 관계에서 수평 관계로 된 지금, 서푼짜리도 안 되는 권위를 내세우는 남편들이 아직도 있다면 자신이 얼마나 무모한지를 알아야 한다. 아내들도 어설픈 여성 상위를 너무 내세우다 차디찬 이별의 아침을 맞을지도 모른다.

사람은 누구나 혼자서는 행복한 생활을 유지하지 못한다. 아무리 불안에 처해 있을지라도 마음의 평온과 안정을 찾을 수 있어서 결혼을 하는 것이다.

괴테의 말이다. 인생은 절대로 두 번이 없다. 단 한 번뿐이다. 한 번뿐인 소중한 인생을 함께 나누는 부부로 맺어진 이상 최선을 다해 살아야 한다. 이 책이 행복한 결혼생활을 꿈꾸는 예비부부들은 물론 기혼자들에게도 충실한 안내자가 되어 행복한 삶의 영위에 작은 도움이 되었으면 한다. 모든 가정이 행복하고 화평하길 기원한다.

김옥림

CONTENTS

프롤로그 다시는 행복할 수 없을 것처럼 사랑하라

최선의 결혼조건 ♥ 13
결혼은 삶의 종합 예술이다 ♥ 17
서로의 간격을 가까이 줄이기 ♥ 20
행복하고 따뜻한 삶의 하모니 ♥ 23
나를 망치는 삶의 독소, 허영심을 경계하기 ♥ 26
가장 경건하고 신성한 결합, 부부 ♥ 29
대화하는 부부, 대화하지 않는 부부 ♥ 31
행복한 사랑은 배려에서 시작된다 ♥ 33
부부만의 기념일은 반드시 챙겨라 ♥ 35
적극적으로 사랑을 표현하라 ♥ 37
부부가 서로에게 조심해야 할 일 ♥ 40
갈등의 요인, 오해를 사지 않기 ♥ 43
서로를 이기려고 하지 않기 ♥ 47
행복한 사랑을 위해 시간을 공유하기 ♥ 49
따뜻한 삶의 에너지, 칭찬을 아끼지 않기 ♥ 52
아주 가끔은 특별한 선물 주기 ♥ 55
노력하는 사랑이 부부애를 키운다 ♥ 57
새로운 행복을 위해 여행하기 ♥ 59
남편의 기를 살리는 아내, 남편의 기를 죽이는 아내 ♥ 62
삶을 행복하게 하는 시를 많이 읽기 ♥ 65
첫 만남, 첫 다짐의 순간을 잊지 않기 ♥ 68
불평불만은 즉시 풀어 버리기 ♥ 71
톡톡 튀는 애칭으로 불러 주기 ♥ 73

마음을 담아 편지를 전하기 ♥ 76
상대에게 완벽함을 바라지 말라 ♥ 78
참 행복을 위해 부부 역할을 바꿔 보기 ♥ 81
모든 일은 툭 터놓고 말하기 ♥ 83
사랑의 에너지, 자연스런 스킨십 ♥ 86
나눌수록 커지는 삶의 기쁨 나누기 ♥ 89
혼자 느끼는 기쁨보다 함께 나누는 기쁨이 더 크다 ♥ 91
삶의 묘약, 신앙생활 갖기 ♥ 93
가끔 부부만의 술자리 가지기 ♥ 96
상대의 입장을 존중하고 배려하기 ♥ 98
상대가 싫어하는 것은 삼가기 ♥ 100
일상을 기록으로 남기기 ♥ 102
한 번은 꼭 해외여행 나가기 ♥ 105
부부가 다정하게 추억의 숲길을 걸어 보라 ♥ 108
유산 대신 자녀들과 함께하는 시간을 즐기기 ♥ 111
같은 책을 읽고 이야기 나누기 ♥ 114
결혼은 환상이 아니라 현실이다 ♥ 116
남편의 비밀을 덮어 주는 센스 있는 아내 되기 ♥ 119
부부가 함께 밥 먹는 시간은 애정과 비례한다 ♥ 121
부드러운 아내가 강한 남편을 이긴다 ♥ 123
어진 아내가 남편을 어려움에서 구한다 ♥ 125
아내가 새롭게 변하면 삶이 윤택해진다 ♥ 127
강점을 살려 멋진 아내 되기 ♥ 130
좋은 아내가 될 것인가, 나쁜 아내가 될 것인가 ♥ 132
착한 아내가 훌륭한 남편을 만든다 ♥ 134
입속의 혀처럼 구는 아내 되기 ♥ 136

남편에게 때론 친구 같은 아내 되기 ♥ 138
감사한 마음으로 사는 참 좋은 생각 ♥ 142
혼자는 외롭고 쓸쓸하지만, 둘은 따뜻하고 행복하다 ♥ 145
언제나 사랑하고 싶은 아내가 되는 비결 ♥ 148
친절하게 말하는 아내, 짜증나게 말하는 아내 ♥ 150
행복은 스스로 만드는 것이다 ♥ 153
남편의 실수를 덮어주는 아량 있는 아내 되기 ♥ 155
현명하고 똑똑하게 바가지 긁는 법 ♥ 157
칭찬 잘하는 아내가 남편을 변화시킨다 ♥ 160
언제나 연애하는 마음으로 사는 10가지 방법 ♥ 163
신선미 넘치는 아내가 되는 10가지 방법 ♥ 166
어진 아내가 될 것인가, 악한 아내가 될 것인가 ♥ 169
자신만의 매력 갖기 ♥ 172
시어머니는 역시 시어머니다 ♥ 175
남편을 사로잡는 똑똑한 생각 ♥ 178
남편의 말을 성의 있게 듣기 ♥ 181
여우 같은 아내, 곰 같은 아내 ♥ 183
현명한 아내가 되는 10가지 법칙 ♥ 186
자신감 있는 아내가 남편이 잘되게 한다 ♥ 189
아내의 특권이자 의무, 맛있는 밥상 차리기 ♥ 191
착한 아내는 남편에게 제2의 어머니다 ♥ 193
새롭게 가꾸는 아름다운 아내 되기 ♥ 196
남편의 사랑이 클수록 아내의 사랑도 커진다 ♥ 199
아내를 아낌없이 사랑하고 사랑하라 ♥ 201
자신을 사랑하듯 아내를 사랑하라 ♥ 204
아내에게 코드를 잘 맞추어 주기 ♥ 206

아내의 말을 존중해서 대화하기 ♥ 209
아내와 아이를 행복하게 만드는 남편 ♥ 211
아내와 올바른 관계를 형성하라 ♥ 214
좋은 결혼생활을 영위해 나가기 ♥ 217
나의 여자인 아내에게 충실하라 ♥ 219
아내는 유머 있는 남편을 좋아한다 ♥ 221
긍정적인 남편이 아내에게 인정받는다 ♥ 224
나는 최고의 남편인가, 최악의 남편인가 ♥ 226
세상에서 가장 행복한 남편 되기 ♥ 229
아내에게 인정받고 싶다면 처갓집을 하늘처럼 받들어라 ♥ 231
아내에게 존경받는 남편 되기 ♥ 233
남편의 건강은 모든 가족의 건강이다 ♥ 236
아내를 감동시키면 집안에 화색이 돈다 ♥ 238
가족을 위해 가끔은 요리사가 되라 ♥ 241
나쁜 습관을 통제하라 ♥ 243
가장 아름다운 공간, 가정을 지켜라 ♥ 245
과음을 멀리하고 적당히 마시기 ♥ 248
자신의 말에 책임지기 ♥ 251
제2의 인생을 준비하기 ♥ 254
무엇이라도 아내와 의논하라 ♥ 257
잘못한 일은 즉시 인정하라 ♥ 260
책을 가까이하고 자주 읽어라 ♥ 263
사랑받는 남편, 외면당하는 남편 ♥ 265
청춘으로 사는 남편 되기 ♥ 268
쓸데없는 허세에 물들지 않기 ♥ 271
아내의 마음을 읽어 주는 최고의 남편 ♥ 274

최선의 결혼조건

결혼생활에서 가장 중요한 것은 인내이다.

×

안톤 체호프

최선의 결혼조건은 금은보화가 아니다. 명예도 아니고, 학력도 아니고, 권세도 아니다. 최선의 결혼조건은 러시아의 작가 안톤 체호프 말대로 '인내심'이다.

결혼은 서로 다른 환경에서 자란 남녀가 만나 함께 행복한 가정을 꾸리는 아름다운 행위이다. 문제는 서로 다른 환경에서 자란 남녀가 살아가자니 많은 문제에 봉착한다는 것이다. 음식, 종교, 학력, 잘살고 못살았던 차이에서 오는 생활 방식, 가치관 등 많은 문제가 대두될 수밖에 없다. 때때로 부딪히며 마음에 상처를 입고 갈등을 일으킨다. 이 모든 상황을 극복하는 비결이 바로 '인내심'이다. 강인한 인내심만 있다면 어떤 문제도 극복해 낸다.

세계적으로 존경받는 미국 제16대 대통령 링컨은 자신을 보좌하는 참모를 비롯한 누구에게나 따뜻한 말과 행동으로 감동을 준 인자한 사람이었다. 참모는 물론 많은 미국 국민들은 그에게 아낌없는 찬사를 보냈다. 다만 그의 아내 메리 토드 링컨만은 예외였다. 그녀는 매우 신경질적인 잔소리꾼이었다. 그녀는 툭하면 남편인 링컨에게 짜증을 부리곤 했다.

"꼭 원숭이처럼 생겨서는……. 당신 귀는 왜 그렇게 못생겼어?"

그뿐만이 아니다. 그녀는 기분 내키는 대로 손발이 너무 크다, 코가 비뚤어졌다, 머리가 작다는 둥 남들이 들으면 아연실색할 말도 서슴지 않고 해 댔다. 거기다 취미나 식성, 마인드 자체가 어느 하나 맞는 게 없었다. 상원 의원이던 앨버트 J. 비버리지는 메리 토드 링컨에 대해 다음과 같이 말했다.

그녀의 목소리는 너무나도 커서 길 건너편에서도 들을 수 있었다. 화를 내며 외치는 소리는 주변에 있는 모든 이웃들이 들을 정도였다. 종종 그녀는 화를 이기지 못하고 큰 소리를 지르다 못해 링컨에게 횡포를 부리곤 했다.

링컨이 누구인가. 그처럼 위대한 인물에게 아내라는 여자가 망신을 주고 함부로 대했다. 그녀가 아내로서 여성으로서 얼마나 제멋대로이고 감정적이었는지를 알 수 있다. 말도 안 되는 아내의 모진 잔소리를 들으며 살아야만 했던 링컨의 인품은 또 얼마나 훌륭한가.

밖에서는 누구에게나 찬사를 받는 그가 아내한테만은 비인격적인 대우를 받았다. 아무리 속이 넓은 링컨도 사람인지라 때때로 화가 치받쳤을 것이다. 아내를 향해 "이제 그만 좀 할 수 없소!" 하고 마구마구 소리치고 싶었을 것이다. 그런데도 링컨이 결혼생활을 유지했던 힘은 무엇인가. 그것은 바로 그의 강한 인내심이었다.

링컨은 인내심이 참 강한 사람이었다. 가난했던 어린 시절에 일찍 여윈 어머니의 도움 없이 모든 걸 스스로 하다 몸에 익힌 습관일 수도 있다. 어쨌든 링컨이 아내의 모진 말과 비난, 폭풍 같은 잔소리를 극복했던 힘은 인내심이었다. 그 사실을 아는 사람들은 더더욱 링컨의 인품을 높이 받들어 존경을 마다하지 않았던 것이다.

지금 우리 사회는 인내하지 못해 가정이 깨지는 일이 비일비재하다. 아내나 남편이 서로를 비난하고 공격할 줄만 알지, 참고 견디는 인내심은 없다. 뭐든지 감정적으로 처리하려고만 한다.

'인내는 쓰나 그 열매는 달다.'

결혼생활에서 가장 중요한 것은 인내다. 가정을 지키고 화목하게 살고 싶다면 인내심을 가져야 한다. 남편과 아내가 어떤 일에도 인내한다면 가정이 깨지는 일은 절대 없을 것이다.

인내할 수 있다면

어떤 상황에서도 행복해진다.

결혼은 삶의 종합 예술이다

부부란 둘이 서로 반씩 되는 것이 아니라,

하나로서 전체가 되는 것이다.

×

빈센트 반 고흐

결혼은 인간이라면 누구나 할 수 있는 아주 자연스러운 삶의 과정이자 축복된 일이다. 인류가 지구상에 존재한 이래 결혼은 자연스럽게 이루어졌고 계속 이어져 오고 있다. 결혼은 종족 보존을 위한 생명의 창조적 행위이며, 인간답게 살기 위한 아주 성스러운 일이다.

역사의 변천에 따라 결혼에 대한 가치관과 함께 남편과 아내의 역할도 변화되어 왔다. 남녀평등 사상이 어느 시대보다도 확고한 현대 사회에서 남편과 아내의 역할은 많은 변화를 보이고 있다.

과거에 남편은 가장으로서 가정 경제를 책임져야 했고, 아내는 남편을 내조하고 자식들을 보살피며 살림살이를 맡았다. 마치 불문율과도 같은 역할 배분이었다.

현대 사회에서는 남편도 때에 따라 아내의 역할을 해야 하며, 아내도 때에 따라 경제 활동을 해야 한다. 남편과 아내의 역할이 각 가정의 상황에 따라 달라진다.

현대 사회에서 남편과 아내는 더욱 밀접한 관계가 되어야 한다. 집안일이라면 무엇이든 상황에 따라 역할을 달리해야만 한다. 그것이 가정이 화목하고 부부가 행복해지는 최선의 방법이다.

남편이나 아내가 자기만의 성을 지키려고 한다면 문제를 야기한다. 남편만 잘한다고 해서, 혹은 아내만 잘한다고 해서 결혼생활이 행복해지지 않는다. 무슨 일이든 머리를 맞대고 함께 행동해야 한다. 그렇지 않다면 행복한 결혼생활은 물 건너가고 만다.

한마디로 함축한다면 결혼은 '삶의 종합 예술'이다. 연출도 자신들이 해야 하고, 각본도 자신들이 써야 한다. 주연 배우도, 조연 배우도, 엑스트라도, 촬영 감독도, 조명 감독도, 기타 스텝들도 자신들이 해야 한다. 결혼은 남편과 아내가 함께해야 하는 것이다. 결국 자신들이 하기에 따라 결혼생활은 천국이 되기도 하고 지옥이 되기도 한다.

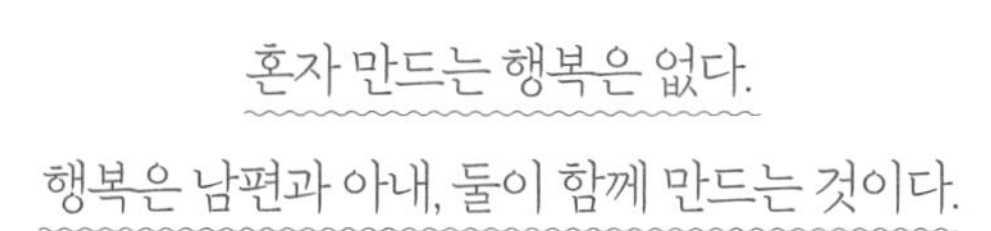

혼자 만드는 행복은 없다.

행복은 남편과 아내, 둘이 함께 만드는 것이다.

서로의 간격을 가까이 줄이기

부부는 덧붙여 말하면 가위와 같다.

×

토머스 셸링

영국 수상을 두 번이나 지낸 벤저민 디즈레일리는 나이 35세에 초혼으로 자신보다 무려 열두 살이나 많은 여자와 결혼했다. 그의 아내 메리 앤은 세련되지도 않았고, 지식도 짧았으며, 실수도 잘했고, 젊거나 아름답지도 않았다. 왜 디즈레일리는 그녀를 아내로 선택했을까.

메리 앤은 디즈레일리가 최대한 편안한 마음을 갖도록 마음을 써 주었다. 그가 언짢은 일이 있어 화를 내도 그녀는 따뜻하게 품어 주었다. 디즈레일리도 집무를 마치면 집으로 쏜살같이 달려와 아내와 함께했다. 그녀와 지내는 것이 어떤 일보다도 행복했고 편했다. 디즈레일리 부부는 서로의 간격을 보다 가까이 줄이기 위해 상대에게 맞춰 주었다. 자신보다는 상대를 생각하는 마음이 부부를 넘치도록 행복하게 했다.

디즈레일리는 자신에게 헌신하는 아내를 위해 빅토리아 여왕에게 작위를 내려 달라고 간청하였다. 빅토리아 여왕이 그 간청을 받아들여 1868년 비콘스필드라는 작위를 내리면서 메리 앤은 귀족의 대열에 들었다.

디즈레일리는 자신에게 최선을 다하는 아내를 위해 사람들 앞에서 말했다.

"30년 결혼생활 중 나는 한 번도 그녀 때문에 짜증을 느껴 본 적이 없습니다."

디즈레일리의 아내도 사람들에게 말했다.

"나는 나의 남편이 최고라고 생각해요. 내 인생은 행복으로 가득 차 있답니다."

부부의 말처럼 둘은 서로에게 만족해하며 상대방의 부족한 부분을 채워 주었다고 한다. 그랬기에 영국 국민에게 존경받는 수상 부부가 될 수 있었다.

인생은 짧다. 당신이 아내를 진정 사랑한다면 부족한 부분까지도 아끼고 보듬어야 한다. 아내가 다소 실수를 하더라도 너그럽게 이해하라. 조금만 더 아내의 입장과 마음을 생각하고 대하라. 당신이 남편을 사랑한다면 마음에 들지 않는 부분이 있더라도 용기를 주고 칭찬해야 한다. 조금만 더 남편의 입장에서 마음을 헤아려 주라. 당신이 아내로부터, 당신이 남편으로부터 멀어질수록 행복의 시간은 짧아진다. 서로의 간격을 줄이길 바란다. 가까이 하는 만큼 행복은 커진다.

가위는 두 날이 일치해야 종이를 자른다.
날의 간격이 벌어지면 종이를 자르지 못한다.
서로의 간격이 가까울수록 행복한 부부다.

행복하고 따뜻한 삶의 하모니

부부 간에 희생 없이는 행복한 가정을 절대 이룰 수 없다.

희생은 그것을 실행하는 사람을 위대하게 만든다.

×

앙드레 지드

결혼은 두 사람이 만나 하나의 길로 가는 성스런 일이다. 그만큼 갈등이 따르고 인내심을 요구한다. 어떤 때는 희생이 따를 수도 있다. 인내심과 희생 없이 결혼을 꿈꾼다는 것은 날개 없이 하늘을 날려고 하는 시도와 같다.

원주시에 어떤 이민자 가정이 있다. 남편은 병이 들어 아무것도 할 수 없는 상태이다. 초등학교에 다니는 아이들도 둘이나 있다. 집은 금방이라도 쓰러질 듯 위태롭다. 아내는 베트남 출신의 여성이다. 보기에도 몸이 가녀려 힘든 일을 못할 것 같은데, 병든 남편과 두 아이를 위해 식당에서 일을 한다. 때때로 뙤약볕 아래에서 남의 집 농사일을 하는 등 힘들게 가장 역할을 한다. 금방이라도 쓰러질 듯한 몸으로 한시도 쉬지 못하고 동분서주하는 모습에 주변 사람들은 하나같이 눈시울을 붉힌다.

"가난한 나라에서 잘살아 보겠다고 와서는 힘들게 고생하는 모습을 보니 같은 여자로서 마음이 너무 아프네요."

"세상에 천사가 따로 없지. 저렇게 희생하면서도 늘 불평 한 마디 없다니까."

"아내가 없었다면 저 집은 진즉에 망했을 거야."

사람들은 이구동성으로 아내를 칭찬하며 안타까워했다. 다행히 가정을 끝까지 지키려고 아등바등하는 이민자 아내의 사연이 방송을 타게 되었다. 모 방송국에서 이민자 가정을 돕기로 하고 많은 자원봉사자들과 함께 왔다. 쓰러져 가던 집도 반듯하게 새집이 되었고, 무척이나 갖고 싶어 하던 컴퓨터와 책장, 책상, 침대가 생겨 아이들을 기쁘게 했다.

마을 사람들은 이민자 가족과 자원봉사자들을 위해 떡과 음식을 만들어 잔치를 벌였다. 모두가 한마음이 되어 축복하자 뜨거운 눈물을 흘리며 고마워하던 아내의 모습이 지금도 눈에 선하다.

이민자 가정이 새로운 꿈과 희망을 갖게 된 것은 오직 아내가 희생한 덕분이다. 조금만 힘들어도 가족을 버리고 뛰쳐나가는 아내들이 점점 늘고 있는 이때, 이민자 가정의 아내가 보여 준 눈물겨운 사랑은 귀감이 되기에 조금도 부족함이 없다. 결혼은 인내와 희생과 배려, 사랑이 만들어 내는 행복하고 따뜻한 삶의 하모니인 것이다.

♥

행복한 가정은 인내와 희생, 배려와 사랑이
함께할 때만 가능한 축복의 무대이다.

나를 망치는 삶의 독소,
허영심을 경계하기

세상에서 가장 손상받기 쉬운 반면,

가장 정복되기 어려운 것이 인간의 허영심이다.

아니, 인간의 허영심은 손상되었을 때 오히려 힘이 더 커져

어이없을 정도로 크게 부푼다.

×

니체

허영심이란 인간이라면 남녀 불문하고 모두 있기 마련이다. 다만 정도의 차이가 있을 뿐이다. 적당한 허영심은 스스로에게 긍정적인 에너지가 되기도 하지만, 지나치면 삶을 망가뜨리는 부정적인 독소로 작용한다. 인생을 실패한 사람들 중에는 지나친 허영심을 버리지 못하고 오히려 노예가 된 사람이 많다. 허영심이 시키는 대

로 살다가 결국 삶의 된서리를 맞는 것이다. 허영심이 한 인간에게 미치는 영향이 얼마나 부정적으로 작용하는지 잘 알게 된다.

프랑스 자연주의의 대표적인 작가인 소설가 모파상의 단편 소설 〈목걸이〉를 보면 허영심에 들떠 꽃보다 아름다운 젊은 시절을 허무하고 비참하게 보내는 마틸드라는 여성이 나온다. 남편은 문부성의 가난한 하급 관리여서 마틸드의 허영심을 채우기엔 역부족이다. 그녀는 언제나 양탄자가 깔린 크고 멋진 대저택에서 우아하게 사는 망상에 사로잡혀 있다. 그녀는 자신의 욕망을 채워 주지 못하는 남편이 불만이었다. 그럼에도 그녀의 남편은 아내를 끔찍하게 사랑했다. 어느 날 부부는 문부성 장관이 여는 연회에 초청을 받는다.

"뭘 입고 간담. 도대체 뭐 하나 내 마음을 만족시켜 주는 게 없단 말이야!"

마틸드가 입고 갈 옷이 없다고 불평하자 남편은 안 쓰고 꽁꽁 모아 두었던 비상금을 털어 주었다. 그녀는 멋진 옷을 사고 나서는 이번엔 목걸이가 없다고 불평을 해 댔다. 남편은 목걸이를 사 줄 수 없어 마음만 아플 뿐이었다. 그녀는 잘사는 친구에게 목걸이를 빌려 연회에 참석해 즐거운 시간을 보내지만, 실수로 목걸이를 잃고 슬픔에 잠긴다. 결국 똑같은 목걸이로 돌려주기 위해 집을 팔고 빚까지 진다.

부부는 10년 동안 온갖 일을 하며 빚을 갚는다. 그동안 마틸드의 젊고 아름다운 미모는 추하게 변하고 만다. 10년이 지난 어느 날 그녀는 거리에서 목걸이를 빌려준 친구를 만나 그동안 있었던 일을 말한다. 그녀의 말을 듣고 친구는 말했다.

"오, 가엾은 마틸드! 그 목걸이는 500프랑밖에 안 되는 가짜였는데……."

친구의 안타까워하는 말을 듣는 순간 마틸드는 놀라움을 금치 못했다. 그동안의 고생으로 그녀의 곱고 아름다웠던 얼굴은 탄력을 잃고 주름이 자글자글해졌다. 허영심에 갇힌 대가치고는 너무도 슬프고 비참했다.

소설에서 모파상이 말하고자 하는 것은 허영심이 인간에게 미치는 부정적인 영향이다. 어느 정도의 허영심은 필요하지만, 도를 넘는 허영심은 마음속에서 반드시 떼어 버려야 한다. 그것이 자신을 행복하게 하는 일이며, 인생을 아름답게 가꾸는 일이다.

어느 정도의 허영심은 필요하지만,
지나친 허영심은 인생을 병들게 하는 독과 같다.

가장 경건하고 신성한 결합, 부부

결혼이란 경건하고 신성한 결합이다.

그러므로 결혼에서 얻어지는 즐거움은 억제되고 진지하며

조심스럽고 양심적인 쾌락이어야 한다.

×

몽테뉴

결혼을 인륜지대사라고 하는 이유는 인간의 삶에서 그만큼 중요하기 때문이다. 현대 사회에서 결혼은 과거에 비해 중요성의 비중이 낮아지고 있다. 결혼하는 연령은 갈수록 높아진다. 굳이 결혼을 하지 않아도 된다는 젊은이들의 비율도 점점 늘어나는 실정이다. 아이는 원하지만 결혼은 원치 않는 이른바 비혼모들도 늘고 있다. 결혼의 가치관 또한 점점 희미해진다.

결혼이 존재해야 한다는 것은 분명한 사실이다. 결혼이 존재하지 않으면 앞으로 인간의 삶은 상실될지도 모른다. 인간에게 결혼은 신의 축복이자 생명의 존엄성에 대한 의무이며 권리이다. 결혼에 대한 인식을 새롭게 할 필요가 있다. 결혼은 신성하며 생명성을 보존하는 아름다운 행위이다.

프랑스의 사상가이자 수필가인 몽테뉴의 말처럼 신성한 결합인 행복한 부부가 되기 위해서는 '진정성'을 잃지 말아야 한다. 진정성이 함께해야 어떤 고난의 강도 건널 수 있고, 시련의 능선도 능히 넘는다. 진정성을 잃으면 더 이상 신성한 결합을 유지하지가 힘들다. 오래도록 부부의 사랑을 간직하고 싶다면 어떤 상황에서도 서로에 대한 진정성을 잃어서는 안 된다.

진정성이 사라지면 부부애를 온전히 유지하기 힘들다.

진정성을 잃지 않도록 노력하라.

대화하는 부부, 대화하지 않는 부부

가장 과묵한 남편은 가장 사나운 아내를 만든다.

남편이 너무 조용하면 아내는 사나워진다.

×

벤저민 디즈레일리

우리나라 부부들은 대화의 단절에 노출되어 있다. 사랑의 감정을 자주 교류하지 않고, 칭찬과 격려도 잘 안 한다. 가정에 문제가 없으면 그냥저냥 하루가 지나가지만, 예민한 문제가 발생하면 문제 해결을 위한 대화가 통하지 않아 어려움을 겪는 부부가 많다.

대화는 서로의 마음을 가장 빨리 전달하는 소통 수단이다. 소통 수단인 대화가 막히면 굴뚝이 막혀 연기 배출이 안되듯이 부부 사이에 단절을 가져온다. 결국 그것은 서로에게 불만으로 표출되어 불행한 사태를 초래하고 만다.

지인 중에 P도 별일 없이 아내와 잘 지냈는데, 언젠가 정신을 차려 보니 아내와 헤어져 있었다고 한다. 남들이 보기에는 아무 일 없이 사는 부부였다. 나중에 이야기를 들어 보니 부부 사이에 별로 대화가 없었다고 한다.

막힘없는 대화는 서로를 강하게 이끌어 준다. 무슨 일이 생기면 즉시 해결에 나서서 크게 문제가 될 일도 힘을 합쳐 능숙하게 해결해 낸다. 부부 간의 막힘없는 대화는 두 사람의 정을 돈독케 해 주는 사랑의 윤활유이다. 하루에 단 20분만이라도 부부를 위해 투자하라. TV도 끄고 스마트폰도 내려놓고 지금 당장 둘만의 대화를 시작하라.

부부 간에 대화가 없으면 단절을 가져온다.

부부 간의 대화는 부부애를 키우는 필수 요소이다.

행복한 사랑은 배려에서 시작된다

마음을 자극하는 단 하나의 영약,

그것은 진심에서 나오는 배려이다.

×

메난드로스

시인이자 수필가인 김소운의 수필 〈가난한 날의 행복〉을 보면 가난한 신혼부부 이야기가 나온다. 남편이 실직하여 집에 있고 아내는 남편을 대신해 집에서 가까운 어느 회사에 나가고 있었다. 어느 날 아침쌀이 떨어져 아내는 굶고 출근을 했다. 남편은 아내에게 너무 미안해 어떻게 해서라도 점심을 해 놓을 테니까 그때까지만 참아 달라고 했다. 점심시간이 되어 아내가 집으로 왔다. 남편은 어딘가 가고 신문지로 덮어 놓은 밥상이 있었다. 신문지를 걷어 내자 따뜻한 밥 한 그릇, 간장 한 종지와 함께 쪽지가 있었다.

왕후의 밥, 걸인의 찬…… 이걸로 우선 시장기만 속여 두오.

남편이 쓴 글씨였다. 아내는 남편의 자상한 사랑과 배려에 눈물이 핑 돌았고, 억만금으로도 살 수 없는 진한 행복을 느꼈다.

남편은 어렵게 쌀을 구하여 자신은 굶고 아내 밥만 간신히 해 놓고 외출하였다. 만일 자신이 있으면 아내가 맘 편히 밥을 먹을 수 없다는 생각을 했을 것이다. 이야기를 읽은 지는 아주 오래전이지만 감동은 아직도 가슴속에 따뜻하게 남아 있다.

사랑은 배려에서 온다. 나만 생각하는 것은 사랑이 아니다. 오만이며 이기심이다. 부부가 행복하고 아름다운 사랑을 꿈꾼다면 상대를 배려함에 인색하지 말아야 한다.

부부 간에 배려는 매우 중요하다.

배려하지 않는 부부는 결코 오래가지 못한다.

부부만의 기념일은 반드시 챙겨라

절대 잊어서는 안 되는 날은
아내의 생일과 결혼기념일이다.
두 날은 절대 잊어서는 안 된다.

×

데일 카네기

부부가 되면 이전엔 없던 둘만의 기념일이 생긴다. 결혼기념일이다. 남녀가 만나 사랑을 하다 결실을 이루면 '부부'라는 이름의 성이 생긴다. 부부라는 성은 아무나 넘볼 수 없다. 둘만이 함께하는 사랑과 행복이 넘치는 고귀한 성역이다. 소중한 성역을 무너뜨리지 않고 잘 지켜 나가려면 서로가 노력해야 한다. 무슨 일이든 거저

되는 것이 없듯 행복한 결혼생활도 그냥 되지는 않는다.

남편 K와 아내 L은 결혼 전 봉사 단체에서 일하다 서로에게 호감을 갖게 되었다. 2년 동안 달콤한 연애를 즐기다 서로 안 보면 죽을 것만 같아 매일 보기 위해 결혼을 했다. 둘은 결혼 전에 약속을 했다. 결혼기념일에는 서로를 만나게 해 준 봉사 단체에서 의미 있는 시간을 보내자고. 둘은 약속을 7년째 지키며 보람찬 시간을 보낸다.

C 부부는 남편 C가 아내 M을 미치도록 좋아하고 사랑해서 결혼한 경우이다. 남편 C는 첫 결혼기념일이 되어도 모르고 넘어갔다. 첫 번째 결혼기념일부터 기분을 망친 아내 M은 너무 서운해서 며칠 동안 말도 안 했다. 그제야 사태의 심각성을 깨달은 남편 C는 아내의 서운한 마음을 풀어 주기 위해 선물 공세를 하며 뒤늦게 결혼기념일을 챙겼다.

아내들은 다른 건 몰라도 기념일만큼은 반드시 챙기려고 한다. 생일이나 결혼기념일은 상대가 당신 곁에 있을 때 후회를 남기는 일이 없도록 정성을 다해 축복해 주어야 한다.

부부 간의 생일이나 결혼기념일을 대충 넘기지 마라.
성의를 다해 서로를 축복해야 사랑이 강물처럼 깊어진다.

적극적으로
사랑을 표현하라

부부가 진정으로 서로를 사랑하고 있으면
칼날 폭만큼의 침대에서도 잠을 자지만,
서로 반목하기 시작하면
폭이 아무리 넓은 침대도 좁다.

×

탈무드

과거엔 사랑을 하면서도 표현하는 것을 부끄러워했다. 특히 여자는 적극적으로 사랑을 표현하면 마치 밝히는 여자 취급을 받았다. 지금은 다르다. 적극적으로 사랑을 표현해야 좋다. 키스가 하고 싶으면 하라. 스킨십을 하고 싶으면 적극적으로 하라. 섹스가 하고 싶으면 하고 싶다고 적극적으로 표현하는 편이 낫다.

감정을 숨긴다는 것은 미덕이 아니다. 적극적인 표현은 상대가 나를 사랑하고 있다는 것을 확인하는 행위이다. 상대에 대한 감정을 솔직하게 드러내는 것이어서 부부 사이를 더욱 밀접하게 만들어 준다. 미국의 유명한 심리학자 존 B. 왓슨은 말했다.

섹스는 인생 과제 중 가장 중요한 것이다. 섹스가 남편과 아내의 행복을 좌우한다.

왓슨의 말을 뒷받침하는 조사 결과를 보자. 미국 로스앤젤레스 가족관계연구소 소장인 폴 포페노 박사는 결혼에 실패한 부부들의 원인을 조사했다. 첫째가 섹스 불만, 둘째가 여가 활용에 대한 의견 불일치, 셋째가 경제적인 사유, 넷째가 성격의 차이 등이었다. 그중 섹스 불만이 가장 많은 원인으로 집계되었고, 경제 문제가 뒤를 이었다. 포페노의 조사 결과는 무엇을 말하는가. 부부 사이는 경제 문제보다 사랑이 우선시되어야 한다는 것이다.

요즘 우리나라에서 섹스 리스 부부들이 점점 늘고 있는 추세이다. 이혼을 신청한 이유 중 섹스 리스가 무려 80%에 달한다고 한다. 우리나라 부부들의 약 90%는 섹스가 결혼생활에서 매우 중요하다고 답했다. 곧 적극적인 사랑이 부부 관계에 막대한 영향을 준다는 의미이다.

부부라면 누구나 섹스가 잘된 날은 기분이 좋아 자신감이 느는 경험이 있을 것이다. 반대일 경우에는 기분이 우울하고 자신감이 사라지는 경험을 한다. 적극적인 사랑은 부부 사이를 더욱 가깝게 만들며, 만족감으로 인해 자신감도 상승한다.

속으로 아무리 멋진 사랑의 말을 품고 있다고 해도 사랑하는 이에게 겉으로 표현하지 않는다면 아무런 의미가 없다. 사랑은 표현해야 비로소 신뢰가 생기는 법이다. 사랑하는 부부의 애정 표현은 선택이 아니라 필수이다. 표현하지 않는 사랑은 사랑이 아니다.

"나는 당신을 사랑합니다."

하루에 몇 번이고 사랑을 표현하라. 적극적인 사랑이 진정으로 현명한 사랑이다.

사랑은 불덩이처럼 뜨겁게 하라.
두 번 다시는 사랑할 수 없을 것처럼
온몸이 녹아내리듯 사랑하라.

부부가
서로에게 조심해야 할 일

대개의 가정불화는 극히 작은 일에서 시작된다.

×

톨스토이

아무것도 아닌 일로 다투다 크게 번지는 일이 종종 있다. 식당에서 무엇을 먹을까 하다 싸움을 벌이는 철없는 어린 부부, 옷을 사면서 색깔이 어울리네 안 어울리네 하다 싸우는 부부, 다른 여자를 쳐다본 남편이 발단이 되어 싸우는 부부, 아내에게 볼살을 빼라고 남편이 툴툴대다 발끈해서 싸우는 부부, 개똥을 서로 치우라고 미루다 싸우는 부부, 발을 안 씻는다고 아내가 핀잔을 주다 싸우는 부부 등 작고 하잘것없는 일로 싸우는 부부가 의외로 많다.

어느 아파트에 살고 있는 40대 부부가 대판 싸움을 벌였다. 싸움의 발단은 부부가 외식을 하는 동안 일어났다. 맛있게 먹던 남편이 저쪽 구석에서 식사를 하던 어떤 여자를 뚫어지게 쳐다보다가 대뜸 말했다.

"수철이 엄마, 당신도 저 여자처럼 우아하게 좀 먹어 봐. 집에서 먹듯 그러지 말고."

"우아한 것 좋아하시네. 밥은 나처럼 먹어야 복스러운 거야."

아내는 대답을 하고는 다시 우걱우걱 먹어 댔다. 남편이 퉁명스럽게 대꾸했다.

"그래, 돼지발에 다이아 반지 끼워 봤자 여전히 돼지발이지."

아내는 그러거나 말거나 먹는 일에 열중했다.

집으로 오는 차 안에서 눈치 없는 남편이 또 빈정거리자 아내는 된통 화가 나 버렸다. 아내에게는 개망신도 그런 개망신이 없었다. 옥신각신하다 집으로 들어와서는 본격적인 전쟁으로 번진 것이다. 부부 싸움 후 남편은 열흘이 넘도록 혼자 자고, 혼자 빨래하고, 혼자 밥해 먹으며 직장을 다녔다. 아내가 화낼 말은 어떤 말도 절대 안 하겠다는 각서를 쓰고서야 '솔로 귀양살이'에서 벗어났다.

아무렇지도 않게 하는 사소한 말이나 행동에 감정이 상하고, 급기야는 큰 싸움으로 번지기까지 한다. 부부는 가까울 때는 가장 가까운 사이지만, 멀어지면 불구대천의 원수가 되는 수도 있다.

부부 싸움은 대개 사소한 일에서 비롯된다는 점을

각별히 유념한다면 미리 막을 수 있다.

갈등의 요인, 오해를 사지 않기

싸움을 일으키는 원인은 대부분 오해 때문이다.

×

고든 딘

오해는 오해를 부르고, 그 결과는 참담한 상황을 불러온다. 부부 사이에 생길 수 있는 오해는 둘에게 큰 상처를 입히기도 한다. 문예 창작을 강의할 때이다. 수강생 중 H는 남편과의 오해로 생긴 일을 수필로 써서 발표한 적이 있다.

H는 요즘 남편의 퇴근이 자주 늦어져서 이유가 무어냐고 물었

다. 그녀의 남편은 회사 일로 퇴근이 늦는다고 말했다. 아무래도 이상하다는 생각이 들어 하루는 남편 퇴근 시간에 맞춰 몰래 뒤를 밟았다. 정시에 회사를 나온 남편은 어느 카페로 들어갔다. 남편에게 손을 흔드는 미모의 여자가 보였다. 몰래 지켜보는데 얼마나 다정하게 구는지, 순간 피가 거꾸로 솟아 뛰어 들어가려는 마음을 간신히 참았다. 더 이상 있을 수 없어 그녀는 집으로 들어와서는 남편이 들어오기를 기다렸다.

11시가 다 되어 남편이 왔다. 그녀는 오늘도 회사 일로 늦었냐고 묻자 남편은 그렇다고 말했다. 남편이 거짓을 말한다는 생각에 소리를 지르며 아까 만난 여자는 누구고, 뭐하다 이 시간까지 있었느냐고 물었다. 남편은 당황해하며 여자가 대학교 동창으로 미국에서 살고 있다고 말했다. 한국에 일이 생겨 왔다며 얼굴이나 한번 보자고 해서 밥 먹고 차를 마시고는 여자와 헤어졌고, 자신은 회사에서 밀린 업무를 마무리하고 왔다고 말했다. 그녀는 남편이 거짓말을 한다고 믿었고 끝내는 부부 싸움을 하고 말았다. 그녀는 남편이 요즘 들어 동창이라는 여자와 즐거운 시간을 보내다 늦게 들어왔다고 믿었던 것이다. 부부 사이에 쌓인 앙금으로 둘은 일주일이 지나도록 제대로 눈도 마주치지 않았다.

며칠 후 퇴근 무렵에 남편의 직장 상사로부터 전화가 왔다. 그가 가르쳐 준 곳으로 가니 남편과 동료들이 자신의 아내들과 함께 있었다. 그녀는 남편과 눈이 마주쳤지만 서먹한 마음에 고개만 까딱하고는 자리에 앉았다. 맛있는 음식이 나오자 술을 한잔 따라 주면서 직장 상사가 말했다. 그동안 중요한 프로젝트를 진행하느라

본의 아니게 남편들을 회사에 붙잡아 둔 것을 이해해 달라며, 오늘 프로젝트가 잘 마무리돼 수고한 직원들과 아내들에게 고마운 마음을 전하기 위해 식사 자리를 마련했다는 말이었다. 식사를 끝내고 직원 부부들 모두 예약해 놓은 노래방으로 가서 즐거운 시간을 보냈다.

집으로 돌아오는 길에 그녀는 남편을 볼 면목이 없어 고개를 푹 숙이고 있었다. 아내의 모습을 바라보며 남편은 손을 꼭 잡더니 자그만 선물 케이스를 쥐어 주며 오해하게 해서 미안하다고 사과했다. 미안한 사람은 자신인데 남편이 사과를 하자 죄인이 된 기분이 들었다. 아무 말 없이 쑥스러워하는 그녀를 남편은 팔을 들어 꼬옥 끌어안았다. 순간 그녀의 눈에서 눈물이 주르르 흘러내렸다. 남편이 손수건으로 눈물을 닦아 주면서 말했다.

"당신은 내가 사랑하는 유일한 여자야."

그제야 그녀는 오해해서 미안하다며 사과했다. 집으로 돌아온 부부는 포도주를 마시며 그동안 쌓였던 불순한 감정을 모두 털어버렸다.

H가 발표를 마치자 수강생들은 박수를 치며 함께 즐거워하였다. 그녀의 경우처럼 오해는 사소한 일에서 발생한다. 대한민국의 부부들은 오해로 인해 한 번쯤은 부부 싸움을 한 적이 있을 것이다. 사소한 오해라도 오해란 참으로 무섭다. 오해를 하는 것도 나쁘지만, 오해를 사는 행동은 더 나쁠 수도 있다. 오해, 마음에 큰 상처를 주는 독버섯이기 때문이다.

오해는 백해무익하다.

모든 갈등의 원인은 오해에서 비롯된다.

서로를
이기려고 하지 않기

자기 방식으로 밀어붙이지 마라.

×

마츠모토 고헤이

연애할 때는 서로 양보도 잘하고 배려도 잘하다가도 막상 결혼을 하고 나면 잘 안 한다. 상대방이 자신의 말을 따르도록 하려고 한다. 주도권을 잡기 위한 의도적인 행위일 수도 있다. 하지만 마음속엔 상대를 이기기 위한 본성이 자리한다. 세상에서 가장 못난 싸움이 부부가 서로 이기려고 하는 싸움이다. 그런데도 많은 부부들은 가장 못난 싸움에 빠져들곤 한다. 많이 배웠든 못 배웠든, 나이 차이가 많이 나든 적게 나든 부부는 모두 똑같다.

부부 싸움은 신혼부부에게서 흔히 보이긴 하나, 결혼생활을 제법 오래 한 40~50대 부부에게서도 종종 목격된다. 나이를 먹을수록 아내 쪽이 유리하다. 아내는 혼자서도 쌩쌩하게 잘살지만, 남자들에게 혼자 살아가기란 처량하고 힘들다. 젊어서는 이기려고 안간힘을 쓰다가도 나이가 들면 아내가 하자는 대로 따라 주는 것이 신상에 편하다.

물론 부부가 살아가면서 싸우지 않는 경우는 없다. 사소한 일로 싸우기도 하고, 오해로 인해 싸우기도 하고, 잘못을 하여 싸우기도 한다. 싸운다고 해서 밀어붙여 이기려고 하다 보면 서로의 감정이 격해진다. 감정이 격해지면 상대방의 마음에 큰 상처를 주게 된다. 심각한 상황에 이르기도 한다. 싸움을 하더라도 이기려고 하지 말아야 한다. '지는 것이 이기는 것이다'라는 말이 있다. 자신의 생각을 잘 전달하기만 해도 상대는 충분히 이해할 것이다.

부부가 서로 지지 않으려고 하면 감정이 격해지고,

급기야는 마음에 큰 상처를 남긴다.

행복한 사랑을 위해 시간을 공유하기

함께 공유할 인생의 의미를 발견하라.

×

존 가트맨

A 부부는 결혼 후 15년 동안 둘만 살아오다 어느 날부터 시부모님을 모시게 되었다. A야 부모니까 상관없지만 문제는 아내에게 있었다. 15년 동안 누구의 간섭 없이 살아오다가 며느리로서 당연히 시부모님을 모셔야 하는 환경으로 갑자기 바뀌면서 모든 것이 뒤죽박죽이 되었다.

우선 아침, 점심, 저녁 시간에 맞춰 따뜻한 밥을 해서 올려야 했다. 그러자니 시장 가기, 공과금 내러 은행 가기 외에는 개인을 위한 시간은 꿈도 꾸지 못했다. 둘째는 맘대로 편히 옷을 입지도 못했다. 전에는 속옷 차림으로 있어도 눈치 보지 않아 좋았는데, 단정히 갖춰 입는 것조차 구속이었다. 셋째는 남편과의 시간이 잘 때뿐이었다. 같이 외출하거나 둘만의 오붓한 시간을 보내기가 여의치 않았다.

하루하루가 스트레스였다. 아내는 마음속에 쌓인 스트레스를 남편에게 풀기 시작했다. 남편은 아내의 말을 듣기만 할 뿐 달리 무어라고 말이 없었다. 사실 남편도 스트레스가 이만저만이 아니었다. 부부는 집 밖으로 나와 싸우기 일쑤였다. 아내는 우울증에 빠져 좋은 것을 봐도 좋은 줄 몰랐다.

어느 날 아내의 상황을 알게 된 친구의 권유로 문예 창작 강의를 들었다. 시인인 강사의 재밌는 해설과 삶의 이야기에 흥미를 갖게 되었다. 그녀의 답답한 마음이 조금씩 풀려 나갔다. 못 견디게 힘든 일이 자신을 괴롭히면 지난날 좋았던 시절을 진지하게 한번 돌아보라는 강사의 말을 듣고 남편을 떠올렸다. 이혼까지 감안했던 아내는 남편 역시 같은 심정일 거라는 생각에 가슴이 울컥했다. 자신만 힘든 상황이 아니라는 사실을 깨달은 것이다.

그날 밤 아내는 그동안 있었던 일을 남편에게 사과했다. 시부모님께 잘 말씀드려서 둘만이 함께하는 시간을 가지자고도 말했다. 남편도 반색을 하면서 잘 챙겨 주지 못해 미안하다며 사과했다. 남편이 말씀드리자 시부모님은 그렇게 하라며 흔쾌히 허락했다. 부부는 함께할 만한 것으로 테니스를 선택했다. 남편이 퇴근하면 일주일에 2번씩 인근에 있는 체육공원에서 테니스를 치며 둘만의 시간을 보냈다. 그러면서 예전보다 더욱 활기찬 아내가 되었다.

만일 아내가 이혼을 요구했다면 지금과 같은 일은 없었을 것이다. 아내는 현명하게 대처하여 자칫 불행의 길로 빠질 뻔한 순간에 제자리로 돌아왔다. A 부부는 지금 어느 부부보다도 행복한 시간을 보낸다.

같은 취미생활, 의미 있는 봉사, 같은 운동을 부부가 함께해 보는 것은 매우 뜻이 깊다. 뜻하지 않는 행복이 당신을 기다리고 있을지도 모른다. 아무리 힘들고 어려워도 당신에게 힘을 주고 용기를 주는 사람은 바로 남편이며 아내이다. 부부는 신이 주신 가장 아름다운 선물이다.

♥

함께 공유하는 시간을 잘 활용하면
부부 애정은 그만큼 깊어진다.

따뜻한 삶의 에너지,
칭찬을 아끼지 않기

인간은 칭찬을 갈망하며 사는 동물이다.

×

윌리엄 제임스

희극 배우로 미국 국민들의 인기를 한 몸에 받았던 에디 캔터는 아내에 대한 극진한 사랑으로 유명했다. 그는 아내를 칭찬함으로써 자신도 아내로부터 아낌없는 칭찬을 받았다. 서로가 서로를 아낌없이 칭찬하는데 어찌 행복하지 않을까. 다음은 잡지 인터뷰에서 에디 캔터가 아내에 대해 했던 말이다.

나는 세상에서 누구보다도 아내를 소중하게 생각합니다. 그녀는 내게 제일가는 친구입니다. 그녀는 내가 올바른 사람이 되도록 만들었습니다. 결혼한 후 돈이 생기면 그녀는 저축을 했고, 저축으로 투자를 했습니다. 우리는 다섯 명의 아이를 키웁니다. 그녀는 늘 내가 안식할 가정을 만들고 있습니다. 나는 어디로 가든 아내를 잊을 수 없습니다.

에디 캔터의 부인은 여배우였던 이다 토비아스이다. 그녀는 〈콜게이트 코미디 아워〉라는 TV 시리즈에 출연하여 명성을 떨쳤다. 그녀는 남편과 자식을 위해 헌신하며 행복한 가정을 만들었다. 이 모두는 아내에 대한 남편 에디 캔터의 아낌없는 칭찬의 힘 덕분이었다.

칭찬은 삶의 에너지이다. 칭찬은 '행복 비타민'이다. 사람은 누구나 칭찬받기를 원한다. 칭찬을 하는 사람도 기분이 좋고, 받는 사람도 기분이 좋고, 주변 사람들도 행복해진다. 칭찬하라. 칭찬하되 맘껏 칭찬하라. 사랑하는 아내나 남편이 벅차오르는 행복감에 취하도록 칭찬하고 또 칭찬하라. 칭찬에는 돈이 들지 않는다. 자존심 또한 상하지 않는다. 칭찬하는 따뜻한 마음만 있으면 된다. 칭찬은 자신은 물론 누구나 좋아하는 마음의 선물이다.

남편은 아내에게,

아내는 남편에게 칭찬받기를 원한다.

다만 말을 안 할 뿐이다.

칭찬할 거리를 찾아서라도 칭찬하라.

아주 가끔은 특별한 선물 주기

하나의 선물은 그것을 찾기 위해서

쏟아붓는 사랑만큼 가치가 있다.

×

티드 모니에르

선물이 사람들을 기쁘게 하는 이유는 선물 자체와 함께 준비하는 사람의 마음과 수고도 느낄 수 있기 때문이다. 선물하는 사람은 무엇을 주면 상대방이 더 기뻐하고 좋아할까 생각하면서 고른다.

사랑이 깊으면 그만큼 정성이 들어간다. 선물을 받는 사람 입장에서도 비싸든 비싸지 않든 선물을 받았다는 사실에 기뻐하고 즐거워한다. 선물한 사람의 정성이 마음속에 흘러들어가 포근히 어루만져 주기 때문이다. 일본의 심리 치료사이자 작가인 가나모리 우라코는 다음과 같이 말했다.

단순하게 보면 물건을 보내는 일에 불과하지만, 실제로는 마음의 교류가 이루어지는 것이 선물이라고 생각한다.

남편과 아내가 생일이나 결혼기념일, 또는 다른 일로 선물을 할 땐 정성과 사랑을 담아 진정성 있게 주어야 한다. 선물 자체도 기쁨을 주지만, 자신을 향한 진정성의 가치에 더욱 기뻐하며 행복해지는 것이다.

사람은 누구나 뜻하지 않은 선물을 받거나 뜻밖의 경험을 하면 평생 잊지 못하고 가슴 깊숙이 '마음의 보석'으로 간직하고 살아간다. 사람은 감성의 동물이어서 크게 감동받은 일을 잊지 못한다. 사랑하는 남편과 아내를 위해 두 사람만의 멋진 이벤트를 계획하라. 당신의 아내와 남편이 오래도록 기억하도록 가끔은 특별한 선물을 준비해 보라.

부부만의 특별한 선물은 아주 매혹적이어서
오랫동안 기억 속에 머무르게 한다.

노력하는 사랑이 부부애를 키운다

부부는 쇠사슬에 함께 묶인 죄인이다.

함께 발을 맞추어서 걷지 않으면 안 된다.

×

막심 고리키

일단 결혼을 하고 나면 '당신은 내 아내니까', '당신은 내 남편이니까' 하고 생각해서인지 몰라도 연애 시절에 가졌던 사랑의 열정을 잃어버리곤 한다. 마음속에서 '너는 이제 영원히 내 것이니까' 하는 마음이 작용하는 것이다. 이런 마음이 긴장을 느슨하게 하여 상대방을 성의 없이 대하는 느낌을 준다. 성의 없이 대하는 자세가 지속적으로 이어지다 보면 사랑의 열정이 식고 감정이 둔화된다. 오래 산 부부일수록 "사랑으로 사나, 정으로 살지"라는 말을 흔히들 하는 이유이다.

나이 들어도 행복하게 사는 부부들에게는 한 가지 공통점이 있다. 서로에 대한 사랑의 열정을 간직하고 산다는 것이다. 나이가 들어도 사랑의 열정이 두 사람을 더욱 단단하게 묶어 줘서 더욱 사랑하게 되고, 더욱 행복해한다.

막심 고리키의 말처럼 부부는 쇠사슬에 묶인 죄인이다. 또한 사랑을 통해서만 행복해지는 존재이다. 인생의 길을 걸어가면서 누가 먼저 빨리 가서도 안 되고 늦게 가서도 안 된다. 평등하게 발을 맞춰 가야 한다. 이 모두는 행복한 부부가 되기 위한 노력의 행위인 것이다.

♥

부부는 서로 평등하게

발을 맞춰야 행복해진다.

새로운 행복을 위해 여행하기

여행이란 일상에서 영원히 탈출하는 것이 아니다.
좀 더 새로워진 나를 만나는 통로이며,
넓어진 시야와 마인드, 가득 충전된 에너지를 가지고
일상으로 돌아오는 것이다.

×

아네스 안

진정 무엇인가를 발견하는 여행은 새로운 풍경을 바라보는 것이 아니라 새로운 눈을 가지는 데 있다.

프랑스 소설가 프루스트가 여행의 목적에 대해 잘 지적한 말이다. 이는 삶의 변화를 일으키는 태도를 의미한다. 부부생활도 삶의 일부 또는 전부이다. 프루스트의 말을 적용시켜 실행한다면 좀 더 새로운 부부생활을 영위해 나가는 데 큰 도움이 될 것이다.

인생을 흔히 '삶의 여정'이라고 한다. 삶의 과정이란 의미이다. 여행을 하다 보면 이곳저곳을 살피고 지나가듯 부부로 살아가다 보면 이런저런 일을 겪기 마련이다. 만약 삶의 과정에 변화가 없다면 정체된 부부 관계로 인해 사랑이 식고 행복의 층이 엷어질 수도 있다. 그래서 여행이 필요한 것이다.

나와 가까운 시인 부부가 있다. 부부 사이가 좋아서 보는 것만으로도 사람들이 미소 지었다. 시인 부부가 그처럼 한결같은 모습을 보일 수 있는 것은 바로 여행을 통해서다. 그들은 평균 두 달에 한 번씩 국내 여행을 다닌다. 지금까지 다녀온 곳만 하더라도 130군데가 넘는다.

물론 처음부터 그랬던 것은 아니다. 젊은 시절 시인의 아내가 몸이 아파 한동안 고생한 이후부터다. 부부가 함께 여행을 다니면서 잃었던 건강도 찾았고, 사이도 월등히 좋아졌다. 여행은 시인 부부에게 건강과 행복을 되찾아 준 아름다운 인생의 선물과도 같다.

여행은 삶에 색다른 의미를 부여한다. 낯선 곳, 새로운 곳에서 만나는 사람들, 풍경, 사색……. 여행하는 사람이 갖는 공통점은 낯설고 새로운 곳에서의 자아 발견이다. 부부가 좀 더 의미 있는 삶을 위해 변화가 필요할 때는 여행을 떠나라. 새롭고 흥미로운 일을 만날지도 모른다. 망설이지 말고, 주저하지 말고, 떠나고 싶을 때 무작정 떠나는 용기가 필요하다.

여행은 활력을 얻고

새로움을 발견하는 최적의 방법이다.

남편의 기를 살리는 아내,
남편의 기를 죽이는 아내

가정에서 아내에게 기를 펴지 못하는 남편은

밖에서도 굽실거리며 쩔쩔매게 된다.

×

워싱턴 어빙

남편의 기를 살려 바깥일을 잘하도록 돕는 아내가 있는가 하면, 남편의 기를 꺾어 버려 바깥에서도 움츠러들게 하는 아내가 있다. 남편의 기를 살리는 아내가 될 것인지, 기를 죽이는 아내가 될 것인지는 당신이 선택하는 것이다.

미국의 32대 대통령이자 역사상 유일한 4선 대통령인 프랭클린 루즈벨트의 부인 안나 엘리너 루즈벨트는 내조의 여왕으로 국민들의 존경을 받았다. 그녀는 루즈벨트가 39세에 소아마비로 하반신이 마비되자 정성을 다해 간호하였다. 결국 루즈벨트는 목발에 의지하여 걸을 수 있었다. 남편에 대한 지극한 사랑이 낳은 결과였다.

그녀는 매사에 긍정적이었으며 누구에게나 친절하고 상냥했다. 루즈벨트는 많은 실패를 경험한 사람이기도 한데, 그럴 때마다 아내의 용기와 격려로 일어설 수 있었다. 그녀는 마침내 남편을 대통령으로 만들었다. 루즈벨트가 성공적으로 대통령직을 완수하도록 늘 곁에서 그림자처럼 내조하였다.

여성은 티백과 같아서 뜨거운 물에 집어넣기 전에는 얼마나 강한지 알 수 없다.

엘리너 루즈벨트가 한 말로, 여성은 어려움을 겪어 봐야 어떤 사람인지를 알 수 있다는 의미이다. 루즈벨트가 경제 공황을 극복하고 세계 유일의 초강대국 미국을 만든 대통령이 된 것은 아내가 남편의 기를 살려 주었기 때문이다.

〈위대한 개츠비〉의 작가인 스콧 피츠제럴드는 23세에 부와 명예를 손에 쥔 소설가다. 그는 지나친 낭비와 사치스러운 생활을 하다 경제적 어려움과 정신적인 갈등으로 인해 불행하게 삶을 마쳤다. 무엇이 그를 그토록 불행하게 만들었을까. 바로 그의 아내인 젤다 세이어이다.

젤다는 낭비가 심하고 허영에 들떴으며, 남편에게 함부로 굴어

분노를 사곤 했다. 이런 과정에서 스콧 피츠제럴드는 사치생활에 빠져 재산을 탕진하고 삶을 마쳤다. 젤다 역시 정신병에 시달리다 죽고 말았다. 아내가 남편의 기를 꺾으면서 잘나가던 스콧 피츠제럴드의 삶이 완전히 침몰하고 말았던 것이다. 아내 자신도 허무하게 삶을 마치고 말았다.

당신의 남편이 기죽게 하지 마라. 기죽게 하면 남편은 물론 당신도 기가 꺾여 비참하게 될지 모른다. 남편의 기를 살리면 역동적인 에너지를 뿜어내며 재능과 능력을 발휘하여 좋은 결과를 얻게 된다. 그러면 당신도 행복한 아내로 살아가게 될 것이다.

배우자로부터 남과 비교당하는 것은
자존심을 크게 상하는 일이며,
배우자에 대한 예의가 아니다.

삶을 행복하게 하는 시를 많이 읽기

시는 가장 행복하고 가장 선한 마음의
가장 선하고 가장 행복한 순간의 기록이다.

×

퍼시 셸리

영국의 대표적인 낭만파 시인인 셸리의 말을 보면 시가 인간의 삶에 미치는 영향에 절대적인 견해를 가지고 있다는 걸 알게 된다. 시는 인간의 가장 근원적이고 본질적인 마음인 정서를 환기하는 데 있어 소설이나 수필보다 우위에 선다. 마음이 우울할 때, 외로울 때, 분노할 때, 사랑에 빠졌을 때, 용기가 필요할 때 등 상황에 맞는 시를 읽으면 마음의 위로를 받는다. 자신이 놓인 상황에서 벗어나는 데도 큰 도움이 된다.

한 편의 짧은 시가 주는 감동은 장편 소설을 읽으며 느끼는 감동보다도 오히려 크다. 이런 이유로 시는 여느 장르보다 앞자리를 차지한다. 그런데도 독자들은 시를 읽지 않는다. 원인은 독자가 아니라 시를 쓰는 시인들에게 있다. 시를 읽으면서 마음과 몸이 긍정적으로 작용해야 하는데, 시가 어렵고 메마르고 건조하다 보니 재미가 없다. 재미가 없으니까 읽히지 않는다. 그래 놓고 시집이 안 팔리고 시를 안 읽는 것을 독자들의 탓으로 돌린다면 어불성설이다. 시가 안 읽히는 가장 큰 이유는 자신이 쓰고도 무슨 내용인지 모르는 시인들에게 있다.

재미없는 시는 읽지 않아도 된다. 대신 사랑과 꿈을 주는 시, 정서를 맑게 정화하는 시, 용기와 희망을 주는 시를 읽어라. 셸리의 말처럼 가장 행복하고 가장 선한 마음을 갖게 하여 보다 가치 있는 삶을 살아가도록 힘을 북돋워 준다.

특히 부부가 살아가면서 삶이 힘들고 고통스럽다고 여겨질 때는 한 편의 멋진 시를 읽어라. 한 편의 좋은 시는 당신의 인생을 멋지고 풍요롭게 만들어 줄 것이다. 지금 당장 시집을 들어라. 남편은 아내에게, 아내는 남편에게 시를 읽어 주어라. 시는 '마음의 선물'이 되는 참 좋은 영혼의 양식이다.

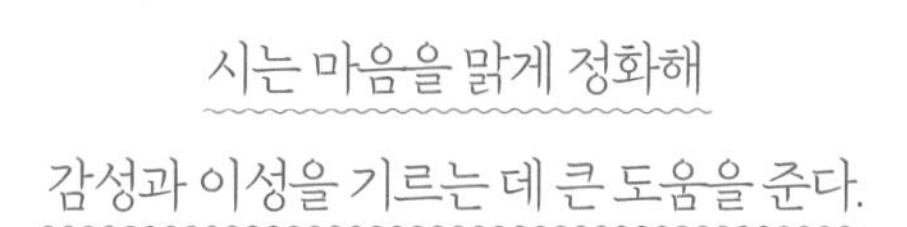
시는 마음을 맑게 정화해
감성과 이성을 기르는 데 큰 도움을 준다.

첫 만남,
첫 다짐의 순간을 잊지 않기

처음 만났을 때 다짐을 잊지 마라.

×

틱낫한

처음. 처음이란 말 속엔 설렘이 느껴지고, 신선하고 새로운 이미지가 풀꽃에 맺힌 이슬처럼 선명히 반짝인다. 부부란 존재는 처음의 만남이 인연으로 맺어진 결과물이다. 하지만 이상하게도 어느 정도 시간이 지나다 보면 처음이란 소중한 기억을 잊고 만다.

Y 부부는 학교 선후배로 만나 사랑을 키운 끝에 많은 친구들의

축복을 받으며 결혼식을 올렸다. 아들딸 낳아 10년 동안 행복하게 잘 살아왔다. 그러다 언젠가부터 부부 사이에 틈이 생기기 시작했다. Y가 차장으로 승진하고 난 이후 가족과 함께하는 시간이 줄어들면서다.

Y는 쉬는 날에도 가족과 함께하기보다는 혼자 보내는 시간이 더 많았다. 이런 일이 반복되다 보니 아내도 아이들도 Y가 변했다고 서운하게 생각했다. 아내가 가족의 마음을 Y에게 말하자 얼마간은 잘하다가 또다시 원래 하던 대로 했다. 부부 관계도 점점 멀리하게 되었다.

Y의 아내는 의미 없는 삶을 살기보다 차라리 혼자 사는 편이 낫겠다고 여겨 이혼하자고 말했다. Y는 아내의 말을 귓등으로 흘려보냈다. 무시당한 기분을 느낀 아내는 화를 내며 거듭 이혼을 요구했다. 일주일이 지날 무렵 Y는 아내의 마음을 돌리기 위해 그들이 사랑을 키우던 D시로 여행을 가자고 말했다. 아내의 제안도 진지하게 고민해 보겠다고 했다. Y의 아내는 마지막 여행이라고 생각하고 제안을 받아들였다.

D시에 도착해 그들이 꿈을 키우던 장소를 찾아갔다. Y 부부는 지난날 생각에 가슴이 울컥하였다. 서로를 사랑하고 아껴 주었던 추억이 부부의 마음을 녹아내리게 했다. 게다가 Y는 자신의 잘못을 말하며 정성껏 준비한 선물을 아내에게 주었다. 예쁜 목걸이였다. 아내는 뜻하지 않았던 선물에 용서까지 비는 남편의 진정성을 받아들여 이혼을 말해 미안하다고 사과했다. 여행에서 돌아온 Y 부부는 처음에 가졌던 마음을 잊지 말고 잘 살자며 서로에게 다짐

하고는 예전보다 행복하게 살고 있다.

삶이 무료해지고 권태롭게 여겨지면, 사랑이 식었다고 생각되면 첫 만남, 첫 다짐의 순간을 기억하라. 추억의 시간으로 여행을 떠나라. 확실히 뭔가가 새로워진다는 사실을 깨닫게 될 것이다.

처음 사랑의 순간은 '인생의 빛'과 같다.
사랑을 느끼는 순간 지금과는 전혀 다른
새로운 세계를 경험하는 까닭이다.

불평불만은
즉시 풀어 버리기

인간의 행복 원리는 간단하다.

불만에 자신이 속하지 않으면 된다.

어떤 불만으로 자신을 학대하지 않으면 인생은 즐거운 것이다.

×

버트런드 러셀

부부가 살다 보면 불평불만에 사로잡힐 때가 있다. 문제는 불평불만이 쌓이게 해서는 안 된다는 것이다. 곧 부부가 갈라서는 지름길이기 때문이다. 불평불만은 있는 즉시 풀어 버려야 한다.

미국에서 있었던 일이다. 아내는 술에 젖어 살고, 남편은 주말 내내 신문과 잡지 등을 읽어 댔다. 부부가 함께 지내는 시간이라고는 없었다. 남편은 술 먹는 아내가 불만이고, 아내는 주말 내내 각종 신문이나 잡지를 읽는 남편이 불만이었다. 부부는 서로의 불만을 말해 봤자 소용이 없어 상담을 받기로 했다.

의사는 여자에게 술을 사서 감추라고 했다. 남편이 집에 와서 1시간 안에 찾지 못하면 술을 마실 권리가 있다고 말하라고 했다. 여자는 제안을 좋아했지만 얼마 지나자 술 마시는 것이 싫어졌다. 남편이 술병을 찾느라 허둥대는 모습이 그녀를 괴롭게 했다. 여자는 술을 마시지 않게 됐다.

부부는 다시 의사를 찾아갔다. 이번엔 같이 낚시를 하라고 했다. 둘은 낚시를 좋아하지 않아 집에 있는 캠핑카로 캠핑을 갔다. 캠핑의 즐거움을 알게 된 부부는 미국 전역을 여행하기 시작했다. 그러는 동안 부부는 서로에 대한 불만을 지울 수 있었고, 행복한 결혼생활을 영위할 수 있었다.

부부 문제는 대개 불평불만에서 비롯된다. 불평불만을 그대로 두면 호미로 막을 일을 가래로도 못 막게 된다. 망설이지 말고 자존심도 모두 버리고 불평불만을 풀어 버려야 한다. 그러면 아무 일 없이 행복하게 잘 살게 된다.

불평불만은 행복을 갈라놓는 불필요한 '악'이다.

톡톡 튀는 애칭으로 불러 주기

가장 쉬운 애정 표현은

서로에게 애칭을 불러 주는 것이다.

×

캐롤린 펄라

경제적 위기에서 미국을 구하고 소련 공산주의를 무너뜨리며 강력한 미국을 재건한 대통령, 죽어서도 미국 국민들의 존경을 한 몸에 받고 있는 미국 제40대 대통령 로널드 레이건의 애칭은 로니이다. 낸시 레이건은 남편을 부를 때 항상 '로니'라고 불렀다. 레이건은 아내를 종종 '데이비스'라고 불렀다. 데이비스는 낸시 레이건 여사의 중간 이름이다. '낸시'라고 부르기보다 마치 애칭처럼 '데이비스'라고 친근하게 불렀던 것이다.

레이건 부부의 러브 스토리는 매우 감동적이다. 부부는 매일 서너 통의 편지를 썼다고 하는데, 레이건이 쓴 편지는 무려 5천 통이 넘는다고 한다.

낸시는 레이건이 알츠하이머로 10년 간 병을 앓는 동안 기억을 잃지 않도록 저녁이면 몰래 수영장에 낙엽을 깔아 놓았다고 한다. 그러면 낮에 레이건이 말끔히 청소를 했다. 어느 날 콧노래를 부르며 몇 시간 동안 수영장에 쌓인 낙엽을 치우는 레이건을 낸시가 보았던 것이다. 그렇게 하기를 10년, 레이건은 아내의 헌신적인 사랑으로 삶을 유지할 수 있었다.

부부 간에 특색 있는 애칭은 반드시 필요하다. 참신하고 귀여운 애칭은 자칫 무료해질 생활에 활력소가 되어 준다. 애칭은 외모나 성격, 상대가 좋아하는 것, 신체 부위의 특징 등을 상징적으로 해서 짓는 것이 보편적이다. 부부 사이에 긴장감을 완화하는 데 매우 주효하다.

서로의 애칭을 지어 불러 보라. 지금까지와는 다른 기분을 느낌은 물론 애정 지수도 몰라보게 달라질 것이다.

♥

애칭은 부부 간에 친밀감을 더해 준다.

남편은 아내에게, 아내는 남편에게

가장 잘 어울리는 애칭을 지어 불러 보라.

한층 더해지는 애정의 깊이를 느낄 것이다.

마음을 담아 편지를 전하기

편지를 쓰는 것만으로도 가치가 있지만,
실제로 편지를 보내거나 직접 전해 준다면
더 큰 기쁨을 얻을 것이다.

×

탈 벤 샤하르

미국에 사는 81살의 조 헤스케스와 부인 헬렌은 무려 40년 간 하루도 빠짐없이 편지를 주고받았다. 지금까지 쓴 편지가 무려 2만 9천 통이 넘는다고 한다. 노부부가 지금도 편지를 쓰는 이유는 단지 하나. 서로에게 진실한 사랑을 확인하기 위해서라고 한다. 그래서일까, 노부부는 서로를 깊이 신뢰하며 사랑하고 있다.

물론 편지 모두에 좋은 말, 즐거운 이야기, 감사하는 마음만 있는 것은 아니다. 서운했던 감정, 화가 났던 이유, 말로 하지 못하는 내용 등도 있다. 좋은 말, 즐거운 이야기, 감사하는 마음은 서로를 더욱 기쁘고 행복하게 했다. 서운했던 감정, 화가 났던 이유, 말로 하지 못하는 내용을 통해서는 깊이 반성하고 상대에게 용서를 구하여 사랑의 틈이 벌어지는 것을 막았다. 노부부에게 편지 쓰기는 중요한 소통 수단이며, 사랑과 행복을 꼭꼭 다지는 아름답고 축복된 행위이다.

한 편의 글 속에는 지혜와 용기와 위안과 철학과 삶과 평안이 녹아 있다. 거짓 없는 글이나 맑고 투명한 글을 보면 마음이 밝아 온다. 그런 글은 힘이 있어 사람을 감동 속으로 몰입하게 만든다. 지금 당장 남편은 아내에게, 아내는 남편에게 따뜻한 마음을 담아 진실하고 거짓 없이 편지를 써 보라. 둘 사이가 더욱 친밀해질 것이다.

편지는 말로 하지 못하는 것을

대신하는 최상의 수단이다.

상대에게
완벽함을 바라지 말라

아내는 남편에게, 남편은 아내에게
성인과 같이 어질기만을 바라서는 안 된다.
만약 아내나 남편이 성인이었다면
당신과 결혼하지 않았을 것이다.

×

앤드류 카네기

남편은 아내에게, 아내는 남편에게 완벽하기를 바라는 부부들이 있다. 세상에 완벽한 사람은 없다. 자신에게 완벽한 남편, 아내가 되라는 요구는 무리이고 억지가 아닐 수 없다. 부부생활을 실수 없이 잘해 낸다면 좋겠지만, 어떻게 전혀 실수하지 않겠는가. 사람이니까 실수를 한다.

지인 중에 K가 있다. K의 아내는 한마디로 똑소리 나는 여자다. 살림 잘하고, 아이들 잘 키우고, 음식도 맛있게 한다. 아내로서는 아주 그만이다. 단 한 가지 아쉬운 점은 남편의 작은 실수도 못 봐준다는 것이다. 그녀는 아내가 아니라 마치 남편을 훈육하는 선생과 같다. 회사 퇴근 시간도 칼같이 지켜야 하고, 일이 있어 늦으면 왜 늦는지 일일이 밝혀야 한다. 용돈 사용처는 기본이며, 남편이 허점을 보이면 용납하지 못한다.

K는 결혼 후 얼마 간은 아내의 사랑이 깊어서라고 은근히 동료들에게 자랑까지 했다. 시간이 지나자 그게 아니었다. K의 아내는 뭐든지 자신이 바라는 대로 해야 직성이 풀리는 여자였다.

고향을 떠나 살다 8년 만에 다시 돌아와 보니 K가 이혼을 하고 재혼했다고 한다. 아내의 집요한 추궁과 완벽주의적인 강박에 시달려 도저히 살 수가 없었다고 한다. 현재 K는 잘 살고 있다. 지금의 아내는 성격이 소탈해서 모든 게 잘 맞는다고 한다.

세상에 완벽한 남편, 완벽한 아내는 없다. 당신의 남편에게, 당신의 아내에게 자신의 기준에 따라 완벽함을 강요하지 마라. 그것은 남편을, 아내를 원하는 것이 아니라 충실한 하수인을 원하는 것과 같다.

완벽함이란 과연 무엇인가.

그것은 실수의 제로를 뜻한다.

인간에게 실수는 자연스러운 일이다.

완벽을 강요하는 것은 사람이 아닌 신이 되라는 의미와 같다.

참 행복을 위해 부부 역할을 바꿔 보기

여성과 남성이 하루 동안 역할을 바꿔 보면
상대방의 문제에 보다 신경을 쓰게 될 것이다.

×

페이스 팝콘

소피 마르소와 대니 분 주연의 〈체인징 사이드〉란 영화가 있다. 회사 일로 바쁜 CEO 휴고는 가정생활에 충실하며 보석 외판까지 하는 아내 아리안에게 하루 종일 뭘 했느냐며 다그친다. 아리안은 엄청 화가 나서 자신이 한 일을 말한다. 둘은 부부 역할을 바꿔 보기로 한다. 휴고는 가정 일과 보석 외판을 하고, 아리안은 남편의 회사에서 CEO로 일한다. 둘은 자신이 하던 일이 아니어서 어색하고 힘들어하며 실수를 연발한다. 그러면서 서로에 대해 생각한다. 휴고는 아내의 입장에서, 아리안은 남편의 입장에서 서로를 생각하게 된다.

'역지사지'라는 말이 있다. 입장을 바꿔 생각해 보면 상대의 사정을 이해한다는 뜻으로, 부부 사이에도 잘 어울리는 말이다.

"당신 대체 뭐하는 여자야? 하루 종일 뭘 했기에 집 꼴이 이 모양이야?"

"당신은 허구한 날 왜 매일 늦는 거야? 일찍 들어오면 몸에 두드러기라도 나?"

아내가 왜 집을 정리하지 않았는지, 남편이 무슨 일로 늦었는지 알아본 후 말해 보면 어떨까. 아름다운 사랑을 위해, 행복한 부부가 되기 위해 서로의 역할을 가끔씩 바꿔 보라. 당신이 사랑하는 남편의 일이, 당신이 사랑하는 아내의 일이 얼마나 힘이 드는지, 상대가 당신에게 얼마나 소중한 사람인지를 알게 될 것이다. 행복한 부부는 남편의, 아내의 허물까지도 사랑할 수 있어야 한다.

가끔씩 역할을 바꿔 본다면

서로에 대해 깊이 이해하게 된다.

모든 일은 툭 터놓고 말하기

고통스러운 감정이든 즐거운 감정이든
가리지 말고 감정을 표현하라.

×

탈 벤 샤하르

전에 살던 도시에 일이 있어 갔다가 너무도 충격적인 이야기를 들었다. 사이가 좋기로 이름난 부부의 남편 D가 자살을 했다고 한다. 직장에서 오해를 산 D가 해명을 했지만 아무도 믿어 주지 않았다고 한다. D는 고통을 감내하며 계속해서 직장에 다녔고, 아내가 걱정할까 봐 아무 말도 하지 않았다. 아무리 태연하게 행동해도 표시가 나기 마련인지, 어쩌다 아내가 "혹시 무슨 일 있는 거 아니야?" 하고 물으면 "일은 무슨 일"이라며 정색을 했다고 한다.

어느 날 D는 여느 때와 다름없이 아침 일찍 일어나 세수를 말끔히 하고는 아내가 차려 준 밥을 다 먹었다. D는 아내를 안아 주고는 출근을 하며 말했다.

"당신이 있어 얼마나 마음이 든든한지 몰라. 애들도 당신이라면 좋아 죽고 말이지. 당신은 참 좋은 아내이고 최고의 엄마야. 고마워!"

그게 마지막이었다. D는 결백을 주장하는 편지를 남기고 자살했던 것이다. D의 아내와 아이들이 슬피 울던 모습이 아직도 가슴을 아프게 한다는 지인의 말을 듣고 인생의 무상함을 느꼈다. 나중에 D의 결백함이 증명되었지만 그게 무슨 소용이란 말인가. 죽으면 모두가 끝인 것을. '진즉에 아내에게 말했더라면 극단적인 행동까진 하지 않았을 텐데' 하는 마음에 나 또한 가슴이 씁쓸했다.

기쁘고 좋은 일만 나누려고 한다면 부부가 아니다. 참된 부부란 힘들고 어려울 때 함께 나누는 관계이다. 어느 날 갑자기 당신에게 예기치 못한 힘든 일이 생긴다면 절대 배우자를 생각한다는 마음으로 감추지 마라. 있는 그대로 당신의 배우자와 의논하라. 그러면 좋은 해결책이 생길지도 모른다.

백지장도 맞들면 힘을 던다고 했다. 함께 생각하고 함께 지혜를 모아야 한다. 그래야 의외의 결과를 얻어 행복한 미소를 지을 것이다. 그것이 부부의 사랑이다.

부부는 즐거움도, 고통도 함께하는

가장 가까운 사이이다.

어떤 것이라도 있는 그대로 말하고 의논하라.

사랑의 에너지,
자연스런 스킨십

우리 몸은 말을 한다.

×

데이비드 웨스트

결혼하기 전에는 사랑하는 사람을 만나기만 하면 몸을 자꾸만 만지고 싶었던 경험이 있을 것이다. 몸을 만지는 행위, 즉 스킨십은 사랑의 에너지를 끌어올리는 가장 효과적인 수단이다. 몸의 마찰에서 오는 찌릿하고 아찔한 감정은 상대를 소유하고 싶게 하고, 소중한 사람으로 인식하게 한다.

결혼하고 나서도 예외는 아니다. 스킨십을 무슨 놀이처럼 자주 하는 부부는 서로에 대한 애정이 높다. 부부 관계도 잘되고 즐겁다. 반대로 스킨십을 자주 안 하거나 아예 안 하는 부부는 서로에 대한 애정이 깊지 않다. 그러다 보니 즐거워서 하는 섹스가 아니라 마치 의무 방어전처럼 여긴다. 당연히 애정이 식을 수밖에 없다.

친구 중에 J가 있다. 그는 신혼 시절에 아내와의 스킨십 문제로 많이 힘들어했다. 아내가 너무 예쁘고 사랑스러워 키스를 하려고 하거나 목덜미 등에 입술만 대도 밀쳐 냈다. 그렇다고 아내가 그를 사랑하지 않는 것은 아니었다. 그녀도 그를 사랑해서 결혼했다. 그는 아내를 이해하지 못해 툭하면 속내를 드러내고 서운한 감정을 나타내며 우울해했다.

나중에 알고 보니 J의 아내는 독실한 크리스천이었다. 아내는 스킨십을 부도덕한 행위로 생각한 것이다. 아이러니하게 섹스는 당연하다고 생각했다. 스킨십은 남 보기에 좋지 않은 부도덕한 행위로 여겼지만, 섹스는 생명을 잉태하는 창조적인 행위인 동시에 당연한 부부의 의무로 여긴 것이다.

결국 부부 사이에 문제가 생겼다. 서로를 이해하지 못해 자주 싸움을 하며 상처를 받았다. 그들은 상담을 받기로 하고 의사에게 조언을 구했다. 아내는 의사로부터 스킨십은 아주 자연스러운 현상이어서 부도덕하게 여겨서는 안 된다고 말했다. 의사의 말을 듣고 아내는 그동안 남편에게 해 왔던 행동을 사과했다. 그 후 부부는 스킨십을 자주 하며 서로에 대한 사랑을 돈독케 했다. 30년이란 세월이 흐른 지금은 어느 부부보다도 애정을 과시하며 행복하게 살고 있다.

사랑을 하면 사랑하는 사람의 몸을 자꾸만 만지고 싶어진다. 사랑하는 사람이 너무 예쁘고 소중하기 때문이다. 몸도 그것을 느낌으로 말한다. 손과 손, 입술과 입술이 마주치는 감촉은 너무나도 따뜻하고 좋다. 자꾸만 만지고 싶어진다. 지금보다 나은 내일의 행복을 위해서라면 사랑하는 사람과 스킨십을 자주 하라. 스킨십이 없으면 사랑하는 마음도 곧 사그라지는 불꽃과 같다.

사랑을 하면 몸은 상대방의 손길을 원한다.

스킨십은 몸으로 하는 대화이다.

나눌수록 커지는 삶의 기쁨 나누기

남을 위하여 일을 할 수 있었다는 것은

어린 시절부터 나의 최대의 행복이었으며 즐거움이었다.

×

베토벤

자선이라는 덕성은 이중으로 축복받은 것이다. 주는 자와 받는 자를 두루 축복하니 미덕 중에 최고의 미덕이다.

셰익스피어가 한 말로 나눔의 의미를 함축적으로 잘 보여 준다. 나눔과 봉사를 부부가 함께한다면 스스로를 행복하게 만드는 일이며 사랑을 키우는 가장 좋은 방법이다.

미국 대통령을 역임한 지미 카터는 대통령으로서는 성공하지 못했지만 보통 시민이 되어서는 성공적인 삶을 사는 대표적인 경우이다. 그는 아내인 로잘린과 함께 나눔과 봉사로 의미 있는 삶을 보내고 있다. 가난한 나라를 구제하는 사업과 인권 운동에 힘을 기울이며, 해비타트 운동을 통해 주택을 제공하고, 민주주의를 위한 헌신도 하고 있다. 그는 2002년에 노벨평화상을 수상하였다.

가수 션 부부, 차인표 부부, 최수종 부부 등도 나눔과 봉사로 소문난 행복 부부다. 나눔과 봉사는 곧 사랑이다. 사랑을 함께 실천하다 보면 부부 사이의 사랑은 더욱 깊어지고, 행복감도 충만해진다. 나눔과 봉사를 하는 부부들이 그렇지 않은 부부보다 삶의 질이 높은 이유이다.

부부가 함께 나눔과 봉사 활동을 해보라. 부부의 정이 깊어지는 것은 물론 삶의 기쁨을 보너스로 받을 것이다. 남을 돕는 일처럼 삶을 가치 있게 하는 일이 어디 또 있을까. 시간이 없으면 시간을 만들어서라도 삶의 가치를 찾아야 한다. 그러는 가운데 부부의 행복도, 사랑도 더욱 깊어진다.

♥

부부가 함께 하는 봉사 활동은

멋지고 감동적인 삶의 완성이다.

혼자 느끼는 기쁨보다 함께 나누는 기쁨이 더 크다

기쁨의 가치를 충분히 누리려면

함께 나눌 사람이 필요하다.

×

마크 트웨인

부부가 되는 순간 더는 하나가 아니다. 하나인 둘이 하나가 되는 아름다운 순간이다. 남자나 여자나 결혼 전에는 부부가 함께 누리는 기쁨을 알지 못한다. 혼자만의 기쁨만 누린다. 결혼을 하면 둘이 함께 기쁨을 공유하면서 보다 큰 기쁨을 누리는 것이다.

결혼하면 좋은 이유는 무엇일까? 첫째, 먼 인생길을 같이하는 동반자가 생겨 혼자일 때보다 자신감을 갖고 행복하게 살아갈 수 있다. 둘이 함께라면 혼자보다 의지력이 그만큼 커지기 때문이다. 둘째, 생리적인 현상을 자연스럽게 해결하여 생활의 활력을 얻으면서 보다 긍정적으로 살아가게 된다. 연구 결과에 의하면 기혼자의 수명이 독신자보다 3년이나 많다고 한다. 셋째, 자신들을 닮은 자녀를 낳아 양육하는 과정에서 무엇으로도 비교할 수 없는 즐거움을 얻는다. 희망적이고 미래 지향적인 삶을 살아가게 되는 것이다. 생각하기에 따라 좋은 점이 더 많겠지만, 이 세 가지는 가장 기본적이면서 확고한 이유이다.

지금 우리 사회는 미취업으로 인한 미혼자들이 점점 늘고 있다. 경제적인 뒷받침이 안되기 때문이다. 문제를 해결하지 못하면 점점 더 심화될 것이다. 그럼에도 부부는 혼자일 때보다 여러 측면에서 긍정적으로 작용한다는 사실을 잊지 말아야 한다.

♥

부부는 기쁨과 슬픔을 함께 나누는
가장 가까운 존재이자 정신적인 친구이다.

삶의 묘약, 신앙생활 갖기

믿음은 삶의 힘이다.

×

톨스토이

한때 C 부부는 하는 사업마다 안돼 경제적인 문제를 비롯한 많은 어려움을 겪었다. 부부는 신경이 날카로워져 툭하면 부부 싸움을 벌었다. 그래 봤자 상처만 남을 뿐인데도 부부 싸움이 잦아졌다. 희망이 이제 자신들을 떠나갔다고 생각하기에 이르렀다. 몸도 마음도 가눌 수 없을 만큼 힘들었다.

그때 C의 소식을 듣고 친구가 찾아왔다. 친구는 C 부부에게 얼마간의 생활비를 건네주며 신앙생활을 권유했다. 힘들고 어려울 때는 신앙을 통해 위안을 얻는 것도 좋은 방법이라고 친구는 말했다. 자기도 신앙으로 어려움을 극복한 적이 있다고 했다. C 부부는 어려운 자신들을 위해 생활비까지 주며 자기의 경험대로 해보라는 친구가 너무 고마워 그렇게 하겠다고 했다.

C 부부는 친구가 권해 준 교회에 나갔다. 생전 처음으로 만난 교회 사람들은 친절하게 C 부부를 맞아 주었다. 교인들의 환대에 그동안 고통으로 응어리진 마음이 가벼워짐을 느꼈다. 그날 이후 C 부부는 열심히 신앙생활을 하며 활력을 찾았다. 교회 사람의 도움으로 새로운 일을 시작하여 2년 만에 자리를 잡기도 했다. C 부부는 어려울 때 용기를 주고 희망을 준 친구와 교인들이 너무 고마워 어려운 사람들에게 용기와 희망을 주는 일을 기쁨으로 하고 있다.

신앙심은 종교적인 관점이 아니라 하더라도 위안과 힘이 되어준다. 믿음은 소중한 가치를 지닌 '마음의 보석'이다. 돈으로도, 마음으로도, 술로도, 무엇으로도 헝클어진 마음을 달랠 수 없다면 신앙을 가져 보는 것도 좋은 방법이다. 특히 부부가 함께 신앙생활을 한다면 태산같이 어렵고 고통스러운 삶도 쉽게 해결하게 될 것이다.

인간은 믿음을 통해서 새롭게 거듭난다.

다만 어떻게 믿음을 실천하느냐에 달려 있다.

가끔 부부만의 술자리 가지기

술은 입을 경쾌하게 하고
마음을 터놓게 한다.
술은 하나의 도덕적인 성질,
즉 마음의 솔직함을 운반하는 물질이다.

×

칸트

술은 기호 식품이다. 과음하지 않고 적당히 기분 좋게 마신다면 건강에도 좋고 생활에 탄력도 준다. 무엇이든 지나쳐서 문제지, 지나치지 않는다면 술은 그야말로 '약주'라고 할 수 있다. 부부끼리 마시는 술은 둘 사이를 더욱 부드럽게 해주고, 마음속에 담아 둔 이야기를 푸는 데도 도움을 준다.

어떤 부부가 있다. 꼭 부부가 함께 술을 마신다. 술을 마시면서 하고 싶은 말, 섭섭했던 일, 가정사 등에 관해 이야기를 나눈다. 이 부부가 세운 음주 원칙이 있다. 첫째, 술은 각자 정량만 마신다. 둘째, 술을 마시면서 상대를 기분 나쁘게 하지 않는다. 셋째, 부부가 술을 마실 때는 다른 사람의 참석을 금한다. 넷째, 술자리에서 있었던 일로 트집을 잡지 않는다. 다섯째, 한 달에 2회를 넘지 않는다. 이 다섯 가지의 원칙에 따라 술을 마시면서 부부는 사랑이 더욱 깊어졌다.

부부 사이가 밋밋하거나 짜릿한 느낌이 사라졌다고 느껴지면 가끔 둘만의 술자리를 만들어 보라. 한두 잔의 술로 삶을 이야기하고, 기쁨과 슬픔도 나누어 보라. 한두 잔의 알코올은 혈액 순환을 도울 뿐만 아니라 서로의 마음을 매끄럽게 연결시켜 준다. 뭐든지 지나치지 않으면 된다. 술 한두 잔으로 부부의 사랑이 윤택해진다면 충분히 투자할 만하다.

적당히 마시는 술은 기분을 전환시켜

부드럽고 따뜻한 분위기를 연출하는 묘약이 되기도 한다.

상대의 입장을 존중하고 배려하기

사랑하는 사람과 행복하게 살기 위해서는
한 가지 비책을 알아야 한다.
상대를 자신에게 맞추려고 하지 말고,
자신을 상대에게 맞추어야 한다는 것이다.

×

발자크

어떤 부부가 있다. 아내는 남편이 함부로 대하거나, 밉거나, 바람을 피우거나, 폭언을 하고 폭력을 휘두를 때마다 나무에 못을 박았다. 어느 날 아내는 남편에게 말했다.

"여보, 보이나요? 나무에 못이 박혀 있는 것이?"

아내의 말에 남편은 나무를 바라보았다. 나무에는 큰 못, 작은 못들이 수없이 박혀 있었다.

"당신이 잘못을 저지를 때마다 하나씩 박은 못들이에요."

그날 밤 남편은 아내 몰래 나무를 끌어안고 울었다. 그동안 아내에게 했던 일들이 가슴을 마구 후벼 파며 고통스럽게 했다. 그날 이후 남편이 달라졌다. 남편은 매사에 아내를 존중하고 배려하였다. 아내의 얼굴에 행복이 가득 넘쳐 나기 시작했다. 몇 년 후 아내는 남편에게 말했다.

"여보, 이제 끝났어요. 당신이 고마울 때마다 나무의 못을 하나씩 뺐어요. 이제는 하나도 없어요. 고마워요, 여보."

"아니오. 아직 멀었소. 못은 없어졌지만 못 자국은 남았잖소."

결혼은 새로운 삶의 길로 가는 위대하고 거룩한 의식이다. 거룩한 의식으로 맺어진 삶이 면면히 이어지지 못하고 서로를 구속하고 간섭하여 깨진다면 얼마나 불행한 일일까. 결혼은 아름다운 삶의 요람이며, 행복 자체가 되어야 한다. 그러기 위해서는 구속하지 말고 너그러운 이해로 상대에게 맞추어 주는 노력이 있어야 하겠다.

부부가 진정으로 행복하려면

각자의 삶을 존중하고 이해해 주어야 한다.

상대가 싫어하는 것은 삼가기

자기가 싫어하는 것을
남에게 시키지 마라.

×

공자

B 부부의 아내는 얼마 전까지만 해도 남편만 생각하면 자다가도 벌떡 일어나 이를 바득바득 갈았다. 때를 가리지 않고 툭하면 말도 없이 친구들을 끌고 와서는 "술상 차려라, 밥 좀 하라"면서 귀찮게 굴기 일쑤였다. 거기에다 잠자리에서는 어디서 봤는데, 들었는데 하며 똑같이 해보자고 강요했다. 아내가 보기에 비정상적이라는

게 문제였다. 싫다고 하면 무슨 여자가 남편 비위 하나 못 맞추느냐며 삐치기 일쑤였다. 어린아이 같은 행동에 머리에 김나는 일로 속이 부글부글 끓곤 했다.

S 부부의 남편도 최근까지 죽을 맛이었다. 아내가 언젠가부터 자꾸만 싫어하는 것을 강요하였다. 누구 남편은 흑염소를 먹고 몸이 좋아졌다면서, 당신도 먹어 보라며 사 들고 와서는 매일 아침마다 지키고 서서 먹나 안 먹나 감시했다. 남편은 비위가 상해 먹다가 토하기까지 했지만 아내는 요지부동이었다. 아내는 자신이 어울린다고 여기는 스타일의 옷만 입으라고 강요했다. 남편은 자기가 입고 싶은 옷도 맘대로 못 입었다. 입었다간 아내의 등쌀에 시달려야 했다.

아내가 싫어하는 것을 남편이 요구하는 경우가 종종 있다. 아내에 대한 예의가 아니다. 마찬가지로 남편이 싫어하는 것을 요구하는 아내가 있다. 역시 남편에 대한 예의가 아니다. 싫어하는 것을 요구하지 마라. 사소한 일이 서로에게 상처를 준다는 점을 늘 유념해야 한다.

상대방이 싫어하는 것을 강요하지 마라.

행복을 깨뜨리는 어리석은 행위이다.

일상을 기록으로 남기기

내 생애 최고의 순간을 기록하라.

×

탈 벤 샤하르

《조화로운 삶》은 세계 공황 당시에 도시의 생활을 접고 시골 버몬트로 가서 손수 집을 짓고 농사를 지으며 전원생활을 했던 스콧 니어링과 헬렌 니어링 부부의 삶을 기록한 책이다. 보잘것없는 시골에서의 삶이지만 조화롭게 사는 방법이 무엇인지를 솔직하게 보여주면서 진정으로 가치 있는 삶이 무엇인지를 일깨워 주는 데 의미가 있다.

니어링 부부는 먹고살 만큼만 직접 생산했다. 땀을 흘리며 일하고, 순간순간 해야 하는 일을 그때마다 했다. 독서하기, 여행하기, 봉사하기 등 하고 싶은 일은 미루지 않고 실천하면서 절대적인 행복을 추구했다. 그렇게 자신들이 한 일들을 기록하여 출간한 책이 《조화로운 삶》이다. 책은 많은 사람들에게 의미 있는 삶에 대해 메시지를 전달해 주기에 부족함이 없었다. 지금도 꾸준히 독자들로부터 사랑받고 있다.

스콧 니어링과 헬렌 니어링 부부가 의도적으로 삶을 기록한 것은 아니다. 일기 쓰듯 자연스럽게 적은 기록을 훗날 남기기 위해 책으로 냈다가 뜻밖의 좋은 결과를 얻은 것이다. 가끔씩 자신들의 삶을 기록하여 책으로 펴내는 부부들이 있다. 반드시 책으로 펴내지 않더라도 소중한 삶을 기록으로 남기는 것만으로 의미가 있다. 글을 잘 못 써도 좋다. 일기 쓰듯 그날 있었던 일을 솔직하게 기록하면 된다.

부부 일상을 기록하는 것도 매우 의미 있는 일이다. 좋았던 일, 감명 깊었던 일, 특별했던 일, 다퉜던 일, 살면서 겪었던 특별한 일 등을 솔직하게 기록해 보라. 매일매일 하지 않아도 된다. 기록하고 싶은 것만 남기면 된다. 먼 훗날 매우 의미 있는 부부의 역사가 될 것이다. 한 부부가 지나온 삶의 여정만으로도 소중한 역사가 되기에 충분하다.

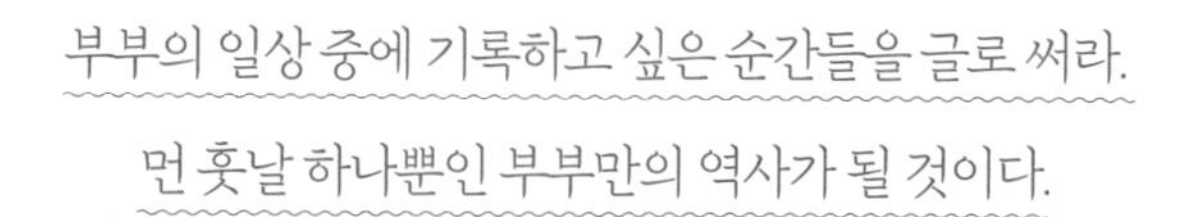
부부의 일상 중에 기록하고 싶은 순간들을 글로 써라.
먼 훗날 하나뿐인 부부만의 역사가 될 것이다.

한 번은 꼭
해외여행 나가기

세계는 한 권의 책이다.

여행하지 않는 사람은

그 책의 한 페이지만 읽는 것과 같다.

×

아우구스티누스

어떤 부부 이야기를 듣고 감동을 받은 적이 있다. 가난한 형편에 해외여행은 고사하고 국내여행 한 번 제대로 해본 적이 없는 두 사람이었다. 둘은 고아로 만나 사랑을 키운 끝에 결혼했다. 신혼여행은 꿈도 꾸지 못했다. 비록 사글세방에 살았지만 미래를 위해 열심히 일했다. 남편은 결혼 10주년에 맞춰 해외여행을 하기 위해 아내 몰래 용돈을 모아 적금을 들었다.

어느덧 결혼 10주년이 되었다. 남편은 아내에게 3박 4일 동안 발리로 여행을 갔다 오자며 그동안 있었던 이야기를 했다. 남편의 얘기를 듣고 아내는 주르르 눈물을 흘렸다. 적은 용돈을 아껴서 여행을 위해 적금을 든 남편이 너무 고마웠고 한편으로는 미안했다. 그동안 둘이 열심히 모아 15평형 아파트를 장만하기도 한 대견한 부부였다. 어느 누구의 도움 하나 없이 맨주먹으로 이룬 아름다운 결실이었다.

부부는 발리로 여행을 떠났다. 난생 처음 조국을 떠난 여행지에서 세상 어떤 것도 부럽지 않을 만큼 달콤한 시간을 즐겼다. 꿈꾸듯 행복한 시간을 보낸 부부는 한국으로 돌아와 밝고 행복한 미래를 위해 열심히 하루하루를 보내고 있다. 부모가 낳아서 정성 들여 먹이고 입히고 가르쳐도 사회에 나오면 막상 취업하기가 힘든 요즘이다. 둘만의 힘으로 행복한 가정을 꾸려 가는 부부가 그리는 삶의 그림은 세상 어떤 그림보다도 멋지고 아름다운 수작이라 하겠다.

해외여행이 보편화된 시대이다. 하지만 어디까지나 생활형편이 괜찮은 사람들의 전유물과도 같다. 대다수의 부부는 해외여행을 즐길 형편이 되지 않는다. 그래도 부부가 살면서 한 번은 꼭 해외여행을 해보길 바란다. 형편에 맞게 여행지를 정하고 적은 돈이라 할지라도 저축을 하라. 목표했던 비용이 모아지면 무조건 해외여행을 떠나라. 그렇지 않으면 해외여행은 꿈만 같은 일이 되고 말 것이다.

해외여행을 통해 낯선 곳에서 둘만을 느껴 보라.

보다 객관적으로 서로를 이해하는 데 큰 도움이 될 것이다.

부부가 다정하게
추억의 숲길을 걸어 보라

추억은 일종의 만남이다.

×

칼릴 지브란

의사인 K 부부는 학창 시절에 만났다. K는 의대생으로, 아내는 간호학과 학생으로 공부했다. K는 집이 가난해 학비를 거의 지원받지 못했다. K는 과외를 하고 장학금을 받는 등 동기생들보다 힘들게 생활했다. 그러다 간호대생인 지금의 아내를 만났다. 둘은 서로를 너무도 사랑했다.

학교를 먼저 졸업한 K의 아내는 병원에서 근무하였다. 그녀는 자신이 번 돈을 K를 위해 아낌없이 썼다. K는 그녀의 지원으로 과외를 그만두고 오직 공부에만 열중하였다. 둘은 틈이 나면 등산 가방을 둘러메고 중앙선 기차를 타고 동해안으로 갔다. 백사장을 걷고 뒹굴며 신나게 놀 때는 세상이 전부 자기 것처럼 느껴졌다. 주변에 있는 무릉계곡을 비롯해 삼척 죽서루, 추암 촛대바위 등을 돌아보는 즐거움은 색다른 기분을 주었다.

그러는 가운데 학교를 마친 K는 전문의 자격증을 따고 대학 병원에서 근무를 하다 개인 병원을 개원하였다. 그동안 부부가 되었고 딸 하나, 아들 하나씩 두는 다복한 가정을 꾸렸다. K 부부는 평일에는 열심히 일하고, 주말에는 틈틈이 가난했던 학창 시절에 함께 다녔던 곳을 다니며 추억을 되새겼다. 그러다 보면 더욱 부부애가 깊어지는 걸 느꼈다. 50대에 들어선 지금도 K 부부는 예전만큼은 아니어도 가끔씩 추억의 숲길을 걸으며 사랑을 한껏 즐기고 있다.

칼릴 지브란의 말처럼 지난날을 되살리는 의미로 추억은 진한 감동을 줄 것이다. 추억을 되새기다 보면 당신의 가슴은 몇날 며칠을 숨 막히게 두근거릴 것이다. 망설이지 말고 틈나는 대로 추억의 숲길로 걸어가 보라. 당신의 남편이, 당신의 아내가 더욱 소중하게 느껴질 것이다.

인간은 추억을 먹고사는 동물이다.

추억에 기대어 새로운 오늘을 꿈꾼다.

유산 대신 자녀들과 함께하는 시간을 즐기기

부모가 자식에게 남겨 줄 가장 귀중한 유산은

날마다 그들과 잠깐이라도 시간을 함께하는 것이다.

×

베티스타

내 집이 세상에서 가장 따뜻한 보금자리라는 인상을 어린이에게 줄 수 있는 부모는 훌륭한 부모이다. 어린이가 자기 집을 따뜻한 곳으로 알지 못한다면 부모의 잘못이며 부모로서 부족함이 있다는 증거이다.

미국의 소설가이자 수필가로 유명한 워싱턴 어빙이 한 말로, 부모의 바른 역할에 대한 경각심을 일깨운다.

자식에게 많은 재산을 남겨 주는 것을 최고라 여기는 부모들이 있다. 나쁘다고는 할 수 없지만 재물로 인해 자식들이 잘못되는 경우를 종종 보아 왔다. 재산은 적당히 물려주면 된다. 대신 자식들과 유대 관계를 돈독히 할 기회를 많이 갖는 것이 좋다고 베티스타는 말한다.

부모와 자식은 뜨거운 피로 맺어졌지만 자식들이 성장해 짝을 찾아 부모의 품을 떠나는 순간 더 이상 품 안의 자식이 아닌 하나의 새로운 독립체이다. 자식은 자신만의 가정을 꾸려 자기만의 세계를 열어 나간다. 마음에는 있어도 부모와의 시간은 점점 줄어든다.

아쉬움을 극복하는 길은 자식들과 가급적 함께하는 시간을 갖는 것이다. 물론 쉽지 않다. 세상이 워낙 바쁘게 돌아가기 때문이다. 그럼에도 함께하는 시간을 갖도록 노력해야 한다.

부모와 시간을 많이 보낸 자식들이 보다 가정에 충실하고 자기 역할을 잘해 낸다고 한다. 부모를 통해 책임감과 자식을 사랑하는 방법을 배웠기 때문이다. 자식에게 유산을 물려주기보다 함께하는 시간을 많이 갖는 부모가 되어야겠다.

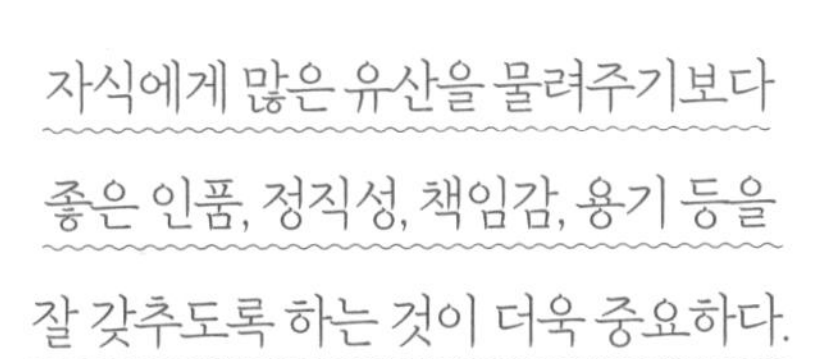

자식에게 많은 유산을 물려주기보다
좋은 인품, 정직성, 책임감, 용기 등을
잘 갖추도록 하는 것이 더욱 중요하다.

같은 책을 읽고 이야기 나누기

책은 영혼의 음식이다.

×

소크라테스

한 달에 4권의 책을 꼭 읽어야 한다.

영국 수상을 두 번이나 지낸 벤저민 디즈레일리가 한 말이다. 그는 소설가이기도 하다. 그는 책을 통해 인생이 달라졌다고 할 만큼 책을 좋아한 다독가였다. 그는 책에서 삶의 지혜를 터득하고 풍부

한 지식을 기른 끝에 성공한 인생이 되었다.

책은 말 없는 스승이며, 삶의 나침반이며, 지혜의 보고이며, 정보의 바다이다. 책을 많이 읽는다는 것은 인생을 보다 풍요롭게 사는 길이기도 하다. 한 가지 마음에 새길 것은 책이라고 다 좋은 책은 아니라는 사실이다. 읽어야 할 책이 있고, 읽지 말아야 할 책이 있다. A. F. 웨버는 말했다.

두 번 읽을 가치가 없는 책은 한 번 읽을 가치도 없다.

우리나라는 책을 잘 안 읽는 나라 중에 하나이다. 국민소득 2만 8천 불의 우리나라는 부끄럽게도 독서 후진국을 면치 못한다. 독서량은 국력에 비례한다는데 책 읽는 부부가 많았으면 좋겠다. 부부가 같은 책을 읽고 한 달에 한 번, 혹은 두 번 형편에 맞게 이야기를 해보면 어떨까. 부부간의 대화를 좀 더 격의 있게 높일 뿐만 아니라 부부만의 공통 관심사를 확장하여 이해의 폭을 키울 수 있다. 한 달에 단 한 권만이라도 반드시 책 읽는 부부가 되었으면 한다.

몸과 마음을 맑게 하는 데는 책만큼 좋은 것이 없다.

다만 책 읽는 시간을 내기만 하면 된다.

결혼은 환상이 아니라 현실이다

결혼은 어떤 나침반도

일찍이 항로를 발견한 적이 없는

거친 바다이다.

×

하이네

연애는 때론 망상이기도 하고 현실이기도 하지만, 결혼은 어느 한 순간도 현실이 아닐 때가 없다. 결혼생활이 만만치 않다는 의미이다. 연애는 낭만도 있고 심심풀이 다툼의 즐거움도 있다. 부부에겐 심심풀이 다툼은 통하지 않는다. 지나치면 삶이 흔들리고 더 나아가면 위태로워진다.

'부부 싸움은 칼로 물 베기'란 속담은 말 그대로 옛말일 뿐이다. 지금은 물 베기가 아니라 코 베기이다. 그대로 가다가는 끝장나기 일쑤다. 결혼은 독일 시인 하이네가 말했듯이 어떤 나침반도 항로를 발견한 적이 없는 거친 바다다. 그만큼 쉽지 않은 결혼생활이다. 낭만으로만 여기거나 연애의 연속으로 여긴다면 어떻게 될까. 불을 보듯 빤하다. 그 결혼은 깨지기 십상이다. 지금 우리나라의 이혼율은 OECD 국가 중 1위라고 한다. 우리나라가 이혼에 많이 노출되어 있음을 의미한다.

발전적이고 창조적이며 행복한 결혼생활을 위해서는 어떻게 해야 할까. 첫째, 새길 말은 새기되 한쪽 귀로 듣고 흘려버릴 말은 흘려버려야 한다. 둘째, 배우자를 남과 비교하지 말아야 한다. 셋째, 경제적으로 안정을 취해야 한다. 넷째, 인격적으로 모독하지 말아야 한다. 다섯째, 서로에게 배려하는 마음을 가져야 한다. 여섯째, 매사에 함께 생각하고 의논해야 한다. 일곱째, 남편과 아내가 수직 관계가 아닌 수평 관계에서 동등한 입장을 가져야 한다.

이 일곱 가지 방법을 남편과 아내가 지키고 실행한다면 행복한 결혼생활로 부부가 만족할 것이다. 어떤 것도 노력 없이 좋은 결과가 없다. 행복한 결혼도 온전히 노력에서 온다.

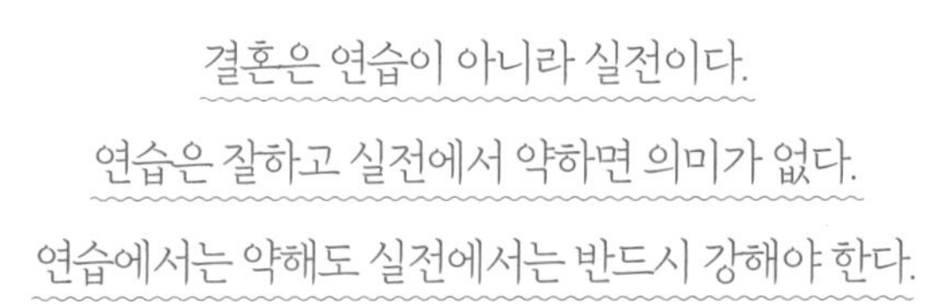

결혼은 연습이 아니라 실전이다.

연습은 잘하고 실전에서 약하면 의미가 없다.

연습에서는 약해도 실전에서는 반드시 강해야 한다.

남편의 비밀을 덮어 주는 센스 있는 아내 되기

좋은 아내는 남편이 비밀로 하고 싶은 일은

언제나 모른 척한다.

그것은 결혼생활의 기본이다.

×

서머셋 몸

나와 친분이 두터운 J의 아내는 센스가 뛰어나다. 남편이 무엇을 원하는지를 표정만 읽어도 잘 알고 미리미리 대비한다. 무엇보다 남편이 아내가 몰랐으면 하는 실수는 알아도 모르는 척한다. 내가 J와 친분을 쌓아 온 지도 어언 30여 년이 된다. J의 아내가 바가지를 긁거나 남편 흉을 보는 것을 한 번도 본 적이 없다. 언제나 옆에서 지켜보는 사람들이 시샘할 정도로 남편을 존중하고 사랑한다. 언젠가 내가 물어보았다.

"소희 엄마. J가 그렇게나 좋아요?"

"네. 소희 아빠니까요."

"싫증이 날 때가 없어요? 솔직히 말해 보세요."

"아니요. 한 번도 그런 생각은 한 적 없어요."

"하늘이 맺어 준 천생연분 중에 천생연분이네요."

나는 말하며 웃었다. 내가 보아 온 그대로다. 참 보기 드문 여자가 아닐 수 없다. J도 항상 아내를 지극히 위한다. J 부부를 보면 마치 전형적인 부부상을 보는 것 같다.

현대 사회에서 어지간한 노력 없이 행복하게 살아가기란 쉽지 않다. 집에서나 밖에서나 열받을 일도 많고, 스트레스가 쌓이는 일도 많다. 그래도 센스 있는 아내는 슬기롭게 상황을 잘 헤쳐 나간다. 센스를 유효적절하게 잘 활용하는 까닭이다.

센스 있는 아내는

남편이 바깥일을 잘하도록 힘과 용기를 준다.

센스도 아내의 능력이다.

부부가 함께 밥 먹는 시간은 애정과 비례한다

식탁에서 함께 식사하는 부부를 보라.

그들이 식사하고 있는 다정하고 흐뭇한 시간은

부부생활의 시간의 길이와 비례한다.

×

앙드레 모루아

밀레의 그림 〈만종〉을 보면 그렇게 포근하고 은은할 수가 없다. 부부가 하루의 노동을 마치고 저녁 종소리를 들으며 함께 기도하는 모습이 사람들의 마음을 강하게 끌어당긴다. 만일 남편이나 아내가 혼자 기도를 한다면 감흥을 불러일으키지 못한다. 둘이 함께 기도하기 때문에 사람들의 마음을 평온하고 평화롭게 하는 것이다.

식탁에서 식사를 하는 모습도 마찬가지다. 부부가 마주 보고 오순도순 이야기를 나누며 식사하는 모습은 보기만 해도 사랑과 행복이 넘쳐난다. 남편이나 아내가 혼자 먹는다고 생각해 보라. 쓸쓸하고 허전한 모습으로 강한 연민이 느껴질 것이다.

삶이 긴박하게 돌아가는 현대 사회에서 가족이 함께 밥 먹는 시간을 갖기는 쉽지 않다. 삶이 고단하고 빡빡하다는 반증이다. 특히 아침밥을 거르고 출근하는 남편들이 많다고 한다. 아침밥 한 끼 별거 아니라고 생각할 수도 있다. 그러나 계속 지속된다면 건강을 해칠지도 모른다. 아침밥을 먹고 출근하는 남편들은 아내에게 대접받는 느낌을 갖는다고 한다.

조금 힘들어도 남편의 건강과 행복을 위해 아침상을 차려 주고 옆에서 오순도순 같이 식사를 하는 아내가 되어 보라. 얼마나 다정하고 행복한 모습인가. 그런 아내가 가정을 행복하게 한다.

함께 밥을 먹거나 운동하는 모습처럼

부부가 함께하는 것은 무엇이든 아름답고 행복해 보인다.

부드러운 아내가
강한 남편을 이긴다

유순한 아내는

남편에게 복종함으로써

남편을 지배한다.

×

푸블릴리우스 시루스

역사상 영국이 가장 번성하던 시대는 빅토리아 여왕이 집권하던 시기이다. 빅토리아 여왕은 18세에 왕위에 올랐는데, 3년 후 외사촌인 앨버트 공과 결혼하였다. 뛰어난 인품을 지닌 앨버트 공은 밖에서나 집에서나 아내인 빅토리아 여왕의 든든한 후견자였다.

어느 날 집무를 끝낸 빅토리아 여왕은 남편 앨버트 공의 방문을 두드렸다.

"누구세요?"

남편 앨버트 공이 방 안에서 말했다.

"여왕이오."

빅토리아 여왕이 말했다. 여왕의 말에도 방 안에서는 아무런 기척이 없었다. 빅토리아 여왕이 여러 차례 문을 두드렸으나 마찬가지였다. 그때 빅토리아 여왕은 미소를 지으며 말했다.

"여보, 저예요. 당신의 아내예요."

그러자 미동도 않던 방문이 활짝 열리면서 앨버트 공이 만면 가득 웃음을 띠고 아내를 반갑게 맞았다.

"어서 오세요. 오늘도 수고 많았어요."

빅토리아 여왕이 강성한 영국을 이끌었던 배경에는 훌륭한 인품을 지닌 남편의 든든한 후원이 있었다 해도 과언이 아니다. 부드러운 물이 콘크리트 다리를 무너뜨리고 집을 파괴한다. 부드러운 아내가 되라. 부드러운 아내가 사랑받으며 호랑이 같은 남편을 순한 양으로 만드는 법이다.

부드러운 아내는 남편을 쥐고 살고,

억지를 부리는 아내는 남편에게 잡혀 산다.

어진 아내가 남편을 어려움에서 구한다

집안에 어진 아내가 있으면

남편이 뜻밖의 재앙을 만나지 않는다.

×

명심보감

영국에서 있었던 일이다. 영국에 린다라는 여인이 있었다. 린다는 어진 성품으로 남편에게 늘 상냥했으며, 잔소리하는 법이 없었다. 언제나 기도하며 온화한 미소로 남편을 대했고, 남편의 말이라면 존중해 주었다. 남편은 어진 아내가 있어 늘 행복이 충만하였다.

어느 날 밤 린다는 도무지 잠을 이루지 못했다. 아무리 자려고 할수록 정신만 더욱 또렷해졌다. 알 수 없는 불안감이 밀려왔다. 순간 그녀는 정신이 번쩍 났다. 그녀는 자리에서 벌떡 일어나 두 손을 가지런히 모아 기도하기 시작했다. 오랜 기도를 마치자 놀랍게도 불안한 마음이 싹 가시었다. 그녀는 비로소 평안한 마음으로 잠을 잘 수 있었다.

린다가 기도하던 시각에 남편은 대서양을 항해하는 타이타닉 호에 타고 있었다. 불행하게도 떠다니는 빙산에 배가 부딪히는 사고가 났다. 린다의 남편은 빙산과 충돌한 타이타닉 호에서 구조되리라는 희망을 포기한 채 여자들과 어린이들의 구조를 돕고 있었다.

마침내 배는 바닷속으로 완전히 가라앉았다. 린다의 남편이 차가운 바닷물에서 허우적대는데, 뒤집힌 구명선이 바닷속에서 떠올랐다. 놀라운 일이었다. 린다의 남편은 몇몇 사람들과 구명선을 타고 구조되어 살 수 있었다.

아내가 어질면 가정이 평안하고 남편 일이 잘되며, 시댁과의 관계도 매끄럽고 부드러워 막힘이 없다. 어진 아내가 아니라는 생각이 들면 어진 아내가 되도록 노력하라. 남편이 잘되면서 만사가 대통할 것이다.

♥

아내의 마음이 어질면 매사가 잘 풀린다.

어떤 장애물도 어진 아내를 이기지 못한다.

아내가 새롭게 변하면
삶이 윤택해진다

매일 자신을 새롭게 하라.

몇 번이라도 새롭게 하라.

마음이 새롭지 않고서는 어떤 것도 기대할 수 없다.

×

동양 명언

결혼 후 10년 동안 집에서 지내던 B의 아내는 친구를 만나고 나서 변화에 눈을 떴다. 여고 동창인 친구가 자기보다 6~7살은 어려 보인 데 따른 자극이었다. 그녀는 돈이 아까워 마트도 끝날 때쯤 간다. 옷이며 화장품이며 보잘것없다. 돈은 모았지만 행색은 자기가 봐도 아니었다. 남편이 아무리 자극을 주어도 꿈쩍 않던 그녀가 달라지기 시작했다. 그녀는 헬스클럽에 등록해 늘어진 뱃살부터 원위치 시키기로 했다. 옷도 화려하게 입고, 머리카락에도 힘을 주었다.

4개월이 지난 후 그녀의 몸매는 처녀 적 그대로였다. 그녀는 죽기 살기로 뱃살을 빼고 골고루 근육을 키웠다. 그녀의 변화는 본인에게 강한 성취감을 키워 주었다. 아내의 변신이 마냥 좋은 남편은 아무 때나 히죽거리며 웃었다. 아이도 우리 엄마가 최고라고 손가락을 치켜세웠다.

자신감이 충만해진 그녀는 시부모의 도움으로 여성 의류점을 냈다. 그녀는 스스로 모델이 되어 찍은 사진을 여기저기 배치하여 홍보에 이용했다. 그녀의 가게가 제법 잘되어 시부모에게 빌린 돈도 2년 만에 모두 갚았다. 이제 본격적으로 돈 버는 일만 남았다. B의 아내는 스스로 변화하여 남편도 아이도 행복해하는 가정을 만들었다.

삶이 지루하지 않으려면 새로운 변화에 적응할 줄 알아야 한다. 매일이 똑같은 날이라고 생각해 보라. 생각만으로도 숨통이 조여올 것이다. 무미건조한 생활은 인생을 싫증나게 만든다. 답답한 생활에서 벗어나야 한다. 물론 변화된 삶은 그저 얻어지는 것이 아니다. 새롭게 변화하기 위해 꾸준히 자신을 투자해야 한다.

새로운 변화를 좇는 아내들은 크게 두 가지 특징을 가지고 있다. 첫째는 스스로가 늘 새로운 변화에 적응하려는 자세를 보인다. 부족한 점을 채우기 위해 책을 읽고, 신문과 뉴스를 보고, 강연회나 특별 프로그램을 찾아 열심히 몸을 움직인다. 둘째는 감각적인 센스가 뛰어나다. 옷 스타일이나 헤어스타일 등에 민감하고, 언제나 깔끔한 이미지를 위해 자신을 가꾼다.

대개의 남편들은 변화를 추구하는 아내를 좋아한다. 항상 내적으로나 외적으로나 새롭게 변화하는 아내가 되어야 한다. 그것이 자신이 행복해지고 가정도 행복해지는 첩경이다.

새로운 변화는 새로운 삶을 이끌어 낸다.
새로운 변화를 주도하는 아내가 아름답다.

강점을 살려 멋진 아내 되기

성공한 사람들은 모두 약점의 지배에서 벗어나

강점을 재발견하는 데 자신의 모든 것을

쏟았다는 공통점을 가지고 있다.

×

마커스 버킹엄

강점이란 사람에게 있어 신의 선물과 같다. 강점이 남보다 특별하다면 더더욱 말할 것도 없다. 강점을 살리는 멋진 아내가 되기 위해서는 숨은 능력을 개발하는 데 적극성을 보여야 한다. 장점을 살리기 위해서는 물질과 시간을 투자해야 한다. 저절로 이루어지는 일은 아무것도 없다.

D라는 여성은 글쓰기라는 강점을 갖고 있었다. 결혼하고 나서 남편과 아이들 뒷바라지에 시댁 일이다 해서 강점을 살릴 생각조차 할 수 없었다. 그러다 공무원으로 일하는 여성이 문학상을 받았다는 기사에 자극받아 굳게 마음먹고 문예 창작을 수강하였다. 몸이 두 배로 힘들었지만, D는 꿈을 위해 2년 동안 독하게 글쓰기에 몰입하였다. 마침내 문예지를 통해 시인의 꿈을 이뤘다.

그 후 D의 삶은 예전과는 다르게 급변하였다. 그녀는 강점을 살려 도서관에서 글쓰기 강사를 하며 그토록 소망하던 시집도 냈고, 성대한 출판 기념회를 열어 주변 사람들을 놀라게도 했다. 그녀는 강점을 살리기 전과는 완전히 다른 삶을 살고 있다.

만일 D가 강점을 갖고도 그대로 방치했다면 어떻게 되었을까. 어제와 오늘, 내일이 별반 다르지 않았을 것이다. 멋진 아내가 되고 싶다면 강점을 살리는 일에 아낌없이 투자하라. 투자 없이 이루어지는 것은 아무것도 없다.

강점을 잘 활용하면 자신은 물론

남편과 가족에게 삶의 기쁨이 된다.

좋은 아내가 될 것인가, 나쁜 아내가 될 것인가

좋은 아내를 얻으면 행복하고,

나쁜 아내를 얻으면 철학자가 된다.

×

소크라테스

고대 그리스 철학자인 소크라테스는 현인으로서 많은 제자를 길러 낸 위대한 인물이다. 하지만 위대한 소크라테스도 집에만 가면 기를 펴지 못했다. 그의 아내는 세계 3대 악처 중 한 사람으로 이름은 크산티페이다. 그녀는 심한 잔소리꾼에다 성질이 거칠어 한번 감정이 났다 하면 하고 싶은 대로 했다고 한다. 그녀는 잔소리를 있는 대로 하고는 소크라테스의 머리에 물벼락을 뒤집어씌우는 등 상식 이하의 행동을 서슴지 않았다. 보다 못한 사람들이 소크라테스에게 말했다.

"부인 성격이 보통이 아니군요. 대체 어쩌자고 저런 여자를 부인으로 삼았습니까?"

"내가 그동안 보아 온 악한 여자 중 선생 부인이 단연 최고군요."

"댁네 부인 목소리가 어찌나 큰지, 우리 집에서도 쩌렁쩌렁 울린답니다."

소크라테스는 사람들의 말을 들을 때마다 소리 없이 미소 짓곤 했다. 하루는 한 무리의 젊은이들이 찾아와 결혼을 해야 할지 말지에 대해 소크라테스에게 물었다.

"좋은 아내를 얻으면 행복하고, 나쁜 아내를 얻으면 철학자가 될 것이오."

소크라테스 같은 위대한 철학자도 결혼생활에서는 보통 사람들과 다를 바가 없었다. 결혼은 연습이 아니라 실전인 까닭이다. 한번 곰곰이 생각해 보라. 나는 좋은 아내가 될지, 아니면 나쁜 아내가 될지를. 좋은 아내가 자신도, 남편도, 아이들도 행복하게 만든다.

좋은 아내는 바라보는 것만으로도 사랑스럽고,

나쁜 아내는 이를 박박 갈게 만든다.

착한 아내가 훌륭한 남편을 만든다

선량한 아내는 선량한 남편을 만든다.

×

토마스 헤이우드

성자로 존경받는 슈바이처 박사는 일생을 아프리카에서 보냈다. 그는 의사, 신학자, 철학자, 음악가로 부를 축적하여 편하게 생활할 모든 조건을 가졌다. 그럼에도 부와 명예를 버리고 아프리카로 가 헌신하였다. 그가 그렇게 할 수 있었던 것은 무엇보다 아내 헬레네 브레슬라우의 역할이 컸다. 아무리 남편이 훌륭한 뜻을 갖고 있다고 해도 아내가 사사건건 반대하면 실행에 어려움이 많다.

슈바이처의 아내는 간호사로 평생을 동행하며 의료 봉사 활동을 펼친 현모양처이다. 그녀는 어떤 악조건 속에서도 남편의 말이라면 군소리 없이 따랐다고 한다. 그녀는 선하고 단정했으며 매사를 믿음으로 대했다. 그녀의 믿음은 곧 선이었다. 그녀는 선한 마음과 행동으로 남편이 하는 일을 잘 내조하여 슈바이처를 살아 있는 성자로 존경받게 했다.

역사적으로나 현실적으로 보면 성공한 남편 뒤에는 품성이 어질고 착한 아내가 있다. 그들이 일을 잘해 나갔던 것은 본인의 능력도 능력이지만, 무엇보다 아내의 절대적인 내조가 있었기에 가능했다. 남편이 잘되게 하고 싶다면 선량한 아내가 되어야 한다. 선량한 아내는 선량한 남편을 만들고, 선량한 남편은 선하게 행동하여 좋은 결과를 이끌어 낸다.

선량한 아내는 남편이 잘되게 내조하여 이름을 날리게 한다.

남편 역시 그런 아내에게 자신을 맞추어 준다.

입속의 혀처럼 구는 아내 되기

남편에게 있어 최고의 재산은
마음씨 고운 아내이다.

×

에우리피데스

입속의 혀처럼 구는 아내를 싫어할 남편은 대한민국 어디에도 없다. 입속의 혀처럼 구는 아내는 업고 다녀도 부족하다. 큰 복이 넝쿨째 들어온 거나 다름없다. 아무리 무감각한 남편도 마냥 좋아서 아내의 뒤만 졸졸 따라다닐 것이다. 입속의 혀처럼 구는 것은 성격적으로 타고나야 하지만, 노력으로도 얼마든지 가능하다. 입속의 혀처럼 구는 아내가 되기 위해서는 어떻게 해야 할까?

첫째, 항상 남편에게 고맙다고 말하기. 둘째, 우리 가족을 위해 수고하는 남편이라고 인정하기. 셋째, 조금 눈에 안 차는 일이 있어도 살짝 눈감아 주기. 넷째, 싫은 요구도 가끔은 들어주기. 다섯째, 남편은 내 사랑을 받아먹고 사는 사람이라 여기기. 여섯째, 센스 있는 마음을 기르기. 일곱째, 좋은 게 좋은 거라는 여유 있는 마음을 갖기. 여덟째, 나보다 남편을 먼저 생각하기. 아홉째, 나는 우리 가정에서 가장 필요한 사람이라고 여기기. 열째, 나의 행복이 곧 남편의 행복이라고 여기기.

이상 열 가지를 꾸준히 실행해 보라. 처음 얼마간은 '이 여자가 갑자기 못 먹을 걸 먹었나?' 하다가도 나중엔 진심을 알게 된다. 진심이 통하는 순간 아내는 남편에게 최고의 여자가 된다. 남편들은 착한 아내를 원한다. 남편에게 착한 아내가 최고의 여자다.

❤

남편에게 최선을 다하는 아내를 둔 남편은
최고의 남편이다.

남편에게 때론
친구 같은 아내 되기

아내이자 친구인 사람이 진짜 아내이다.

×

윌리엄 펜

지혜로운 아내는 상황에 따라 변화무쌍하게 변신한다. 어떤 때는 친구같이 편하게 남편을 대한다. 친구는 어떤 말과 행동을 해도 편안한 존재다. 친구에게는 편하게 하는 말도 아내에게는 하지 못하는 경우가 있다. 남편이 무슨 말이라도 편하게 할 수 있는 친구 같은 아내가 된다면 더 없이 행복한 결혼생활이 가능하다. 평생을 친구처럼 살았던 눈물겹도록 아름다운 부부의 사랑 이야기가 있다.

프랑스 주간지 《누벨 옵세르바퇴르》를 공동 창간했고, 프랑스 '68혁명'의 이론적 지도자였으며, 1970년대 이후 생태주의 운동에 평생을 바친 지식인 앙드레 고르. 그는 평생 아내 도린만을 사랑하며 살았다. 도린 역시 평생토록 남편 앙드레 고르만을 사랑하며 살았다. 그들은 60년 전에 한 약속을 지키기 위해 한날한시에 하늘나라로 여행을 떠났다. 둘의 소식을 들은 많은 사람들은 고귀한 부부의 사랑에 크게 감동하였다.

고르와 도린이 처음 만난 때는 고르 나이 스물네 살, 도린은 스물세 살이었다. 그들은 보자마자 서로에게 진한 사랑의 감정을 느꼈다. 그들은 만나면 만날수록 서로가 운명 같은 존재라고 생각했다. 고르는 도린을 만나면 무척 편안했고, 정말 행복해 헤어짐이 싫었다. 그런 감정은 도린도 마찬가지였다.

"도린, 도린은 나의 운명입니다."

고르는 매우 진지한 자세로 말했다.

"고르, 나도 당신이 내 운명이라고 생각해요."

도린의 말을 듣자마자 고르가 말했다.

"도린, 우리 결혼할까요?"

고르의 말에 도린이 반색하며 말했다.

"물론이지요. 당신만 좋다면……."

서로의 마음을 확인한 둘은 결혼식을 올리며 약속하였다. 둘 중에 한 사람이 먼저 세상을 떠나면 함께하자고.

아내 도린이 60세가 되던 해에 거미막염이란 불치병에 걸렸다.

뇌의 표면은 3겹의 얇은 막으로 싸여 있는데, 그중 가운데에 있는 막이 거미막이다. 거미막염이란 거미막에 염증이 생기는 매우 위험한 병으로, 자칫하면 언제든지 목숨을 잃는 불치병이다. 언제 어떻게 될지 몰라 시한폭탄을 안고 사는 것과 같은 무서운 병이다.

"하느님, 나의 도린을 살려 주세요. 오래오래 살게 해주세요, 나의 하느님."

고르는 의사로부터 도린의 병명이 거미막염이란 말을 듣고 기도했다. 고르의 그늘진 얼굴을 본 도린은 엷은 미소를 지으며 말했다.

"고르, 너무 걱정 말아요. 난 당신하고 오래오래 행복하게 살 거예요. 난 그럴 준비가 되어 있어요. 당신만 나하고 똑같이 생각하면 돼요. 알았죠, 나의 고르……."

고르는 너무도 태연하게 말하는 도린의 모습에서 깊은 신뢰와 자신감을 얻었다. 그들의 강인한 믿음으로 도린은 그날로부터 무려 23년 동안이나 행복하게 인생을 즐기며 살았다. 두 사람은 약속대로 한날한시에 세상을 떠났다.

앙드레 고르와 도린이 50여 년의 긴 세월을 처음 만났을 때처럼 변함없이 살 수 있었던 이유는 무엇일까. 친구처럼 연인처럼 서로를 아낌없이 사랑하고 배려하였기 때문이다. 친구 같은 아내, 친구 같은 남편이 된다면 결혼생활을 보다 행복하게 영위할 것이다.

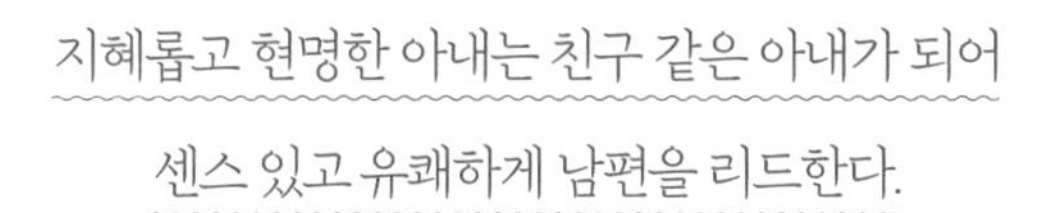
지혜롭고 현명한 아내는 친구 같은 아내가 되어
센스 있고 유쾌하게 남편을 리드한다.

감사한 마음으로 사는
참 좋은 생각

내 인생에서 어떤 일이 일어나든

감사하는 법을 배웠을 때

기회, 사람들과의 관계, 심지어 부까지도 내게로 다가왔다.

×

오프라 윈프리

감사한 마음으로 사는 것은 참으로 아름다운 일이다. 감사한 마음 속엔 사랑이 있고 화평이 있다. 감사한 마음으로 사는 아내들을 보면 얼굴이 온화하고 몸가짐은 온유하다. 반대로 감사를 모르고 사는 아내들을 보면 얼굴에 늘 심술이 붙어 있고, 입은 불만으로 가득하고, 몸가짐이 드세서 어딘지 모르게 거칠어 보인다.

"내가 어쩌다 저런 사람을 만나서 고생을 하는지……. 지지리도 복도 없지. 다시 태어난다면 저런 사람은 차떼기로 갖다준들 거들떠도 안 본다."

어떤 아내가 있다. 그녀는 남편을 헐뜯고 무시했다. 그녀는 대학을 나와 학원을 운영했다. 고등학교밖에 나오지 못한 남편이 늘 불만이었다. 남편은 성품이 선하고 온화해 아내의 말이라면, 가족이라면 끔찍하게 여기는 사람이다. 단지 대학을 나오지 않았다는 이유로 남편을 업신여겼다.

남편은 아내가 운영하는 학원의 버스를 몰며 아내를 도왔다. 한때 사업을 하다가 부도가 나는 바람에 아내가 학원을 운영하게 되었다. 남편은 다른 일을 해보려고 했지만 기회가 주어지지 않아 학원 버스를 몰게 된 것이다.

어느 날 학원 버스가 눈길에 미끄러져 사고가 났다. 남편이 사고로 병원에 입원하였다. 남편이 입원하면서 학원 버스 운영도, 집안의 소소한 일들도 할 사람이 없었다. 기사를 두니 월급으로 돈이 빠져나갔고, 소소한 집안일도 아내가 모두 해야 해서 보통 힘든 일이 아니었다. 그때야 아내는 비로소 깨달았다. 그동안 남편이 해 오던 일이 얼마나 감사한지를. 거기다 남편을 무시했던 자신이 얼마나 모진 사람이었는지를.

아내는 자신을 자책하며 뼛속 깊이 반성하였다. 그로부터 1년 후 남편은 다시 건강한 몸으로 학원 버스를 운전하며 집안일을 거들었다. 아내는 아무 근심 없이 안정된 마음으로 학원을 운영하게 되었다. 아내는 남편이 얼마나 소중한 존재인지를 깊이 감사하며 행복하게 살고 있다.

감사한 마음을 갖고 사는 아내를 둔 남편은 여유로움을 갖는다. 아내의 온유한 마음이 남편의 마음도 온유하게 만든다. 감사를 모르고 사는 아내를 둔 남편은 늘 초조하고 불안한 마음으로 살아간다. 아내의 불만스러운 마음이 남편의 마음도 불안하게 만들기 때문이다.

감사는 빛나는 마음이다. 감사한 마음을 갖고 살면 행복한 일이 많이 생긴다. 감사한 마음은 스스로를 긍정적으로 만들고, 불가능한 것도 가능하게 한다. 감사는 사랑의 마음이다. 감사한 마음을 갖고 사는 아내가 되어야 한다. 아내가 감사한 마음을 가져야 집안이 평온하고 가족 모두가 행복하다.

감사하는 마음은 자기 삶에 대한 예의이다.

감사하는 마음이 클수록 행복해진다.

혼자는 외롭고 쓸쓸하지만, 둘은 따뜻하고 행복하다

우리가 홀로 있을 때
당당한 자부심은 그림자도 없이 사라진다.

×

볼테르

혼자는 보기에도 쓸쓸하고 외로워 보인다. 짐승도 암수가 함께 노닐 때 더 그림이 보기 좋다. 하물며 만물의 영장인 사람은 오죽할까. 외로움은 사람의 마음을 쓸쓸하게 한다. 그런데 아내들 중에 남편을 외롭게 하는 아내가 있다.

술을 잘 먹기로 소문이 난 어떤 여자가 있다. 그녀는 학창 시절에 학생회장을 하는 등 매우 활동적이다. 모임도 여기저기 꽤나 많아서 사흘 건너 외출이다. 그녀의 남편은 집에 돌아오면 썰렁한 분위기로 인해 집이 낯설게 느껴지곤 했다. 남편도 밖에서 보내다 저녁 늦게 들어오게 되었다.

그러다 남편이 어떤 여성을 알게 되었다. 이 여성은 아내와는 정반대였다. 남편은 여성에게 푹 빠지고 말았다. 남편은 외도를 하기 시작했다. 나중에야 사실을 알아차린 아내는 남편에게 따지고 들었다. 남편은 자신을 외롭게 한 결과라고 맞받아쳤다. 큰 부부 싸움이 벌어졌고 결국 별거에 들어갔다. 1년 뒤 부부는 이혼으로 끝을 맺었다.

아내가 남편을 외롭게 하면 마음이 공허하고 쓸쓸해져 술을 마시거나, 고스톱을 치거나, 아니면 아내를 두고도 딴짓을 한다. 그런 일이 연속적으로 이루어지면 우울 증세가 나타나고, 일의 능률이 떨어지며, 의욕마저 상실한다. 현명한 아내는 남편을 외롭게 하지 않는다. 설령 남편이 미운 짓을 하면 잠깐은 외로움을 느끼게 하더라도 무리할 정도로는 하지 말아야 한다. 지나침은 아니한 만도 못하다.

남편은 가정의 기둥이다. 기둥이 빈약하면 집이 무너져 내린다. 남편이 힘이 빠지면 가정은 파도에 배가 기우뚱거리듯이 위기 상황에 빠진다. 남편이 외로워하도록 해서는 안 된다. 남편이 쌩쌩한 기분을 갖게 기운을 북돋워 주어야 한다. 아내 본인은 물론 가족도 행복해지는 지혜이다.

외로움이 지나치면 병이 된다.

남편이 외로워지면 당신은 더욱 외롭게 될 수도 있다.

언제나 사랑하고 싶은 아내가 되는 비결

사랑받고 싶다면 사랑하라.
그리고 사랑스럽게 행동하라.

×

벤저민 프랭클린

남편에게 사랑받고 싶다면 먼저 사랑하라. 사랑하지 않으면서 사랑 받기를 원한다면 매우 이기적인 생각일 뿐이다. 사람은 누구나 사랑받고 있다는 생각이 들어야 상대를 더욱더 사랑하게 된다. 청마 유치환의 시 〈행복〉에는 '사랑하였으므로 나는 진정 행복하였네'라는 시구가 있다. 사랑도 마찬가지다. 사랑받고 싶다면 먼저 사랑해야 한다.

사랑하고 싶게 만드는 아내는 보고 있는 것만으로도 기분이 맑은 봄날같이 산뜻해진다. 그런 아내는 남편을 사로잡는 매력이 철철 넘친다. 상냥하고 따뜻한 마음을 가졌고 애교가 강물처럼 넘치며, 사랑 표현이 뛰어나고 칭찬을 잘한다. 같은 말도 듣기 좋게 하며 늘 새롭게 변화하는 모습을 보여 주려고 노력한다.

애교스럽고 사랑 표현이 좋은 것은 얼굴 생김새나 몸매와는 전혀 비례하지 않는다. 연애할 땐 얼굴이나 몸매가 높은 점수를 받는다. 결혼은 다르다. 연애는 짧지만 결혼은 길다. 얼굴이 예쁘지 않아도 호감을 갖게 하는 아내란 분위기를 잘 타고, 신선한 매력을 풍기며, 새로운 모습을 보여 주려고 늘 노력하는 아내이다. 살아 있는 느낌이 남편의 마음을 사로잡는 것이다.

남편에게 넘치도록 사랑받고 싶다면 마음을 사로잡아야 한다. 남편이 당신으로부터 눈을 떼게 하지 마라. 남편이 아내를 사랑하고 싶게 만드는 최선의 비결이다.

사랑도 노력이 깊어져야 더욱 커진다.

남편이 나를 사랑하고 싶도록 노력하라.

친절하게 말하는 아내,
짜증나게 말하는 아내

한마디의 친절한 말은 의기소침한 사람들에게 격려를 준다.

잔인한 말은 상대로 하여금

무덤에 가는 날까지 흐느껴 울게 한다.

×

몰튼 쉰

'말 한마디에 천 냥 빚을 갚는다'는 속담이 있다. 속담으로 알 수 있듯 한마디의 말은 천하를 변화시킬 만큼 힘이 강하다. 한마디의 말에 성패가 결정되기도 한다. 같은 말이라도 듣기 좋게 할 필요가 있다. 좋은 말속엔 사람을 기분 좋게 하는 에너지가 들어 있기 때문이다.

결혼생활에서 아내가 남편에게 하는 말은 매우 중요하다. 아내가 어떻게 말하느냐에 따라 남편이 용기를 얻고 힘을 내기도 하고 그렇지 않기도 한다. 남편이 가정에서나 직장에서 활기차게 능력을 발휘할 수도 있고, 반대로 갖고 있는 능력까지 죽이는 상황이 일어날 수도 있다. 아내가 한 말이 남편에게 큰 용기를 준다면 아내에게도, 남편과 아이들에게도 기분 좋은 일이 일어난다.

문예 창작 강의를 듣는 수강생 S는 매우 현명한 여성이었다. IMF로 남편이 실직하고 의기소침해지자 S는 늘 남편에게 말했다.

"여보, 당신이 있어 우리가 행복한 거 알지? 이까짓 일로 기죽지 마. 내가 있잖아."

"여보, 당신은 정말 좋은 남편이야. 곧 좋은 일이 있을 거야."

늘 자신을 격려하는 아내에게 용기를 얻은 남편은 당당하게 재취업에 성공해 전보다 행복한 가정으로 살고 있다.

반대로 사사건건 남편에게 잔소리를 퍼부어 댄다면 어떻게 될까. 남편을 기죽이고 가족을 불행에 빠지게 하는 행동이다.

어떤 아파트에서 있었던 일이다. 평소 아내의 심한 잔소리로 화가 난 남편이 홧김에 불을 지르고 아파트에서 뛰어내린 사건이 발생했다. 집안은 온통 난장판이 되었고, 남편은 심하게 다쳤다. 남편은 정상적인 생활을 하지 못하는 불행을 안고 평생을 살아야 했다. 때늦은 후회를 해봤자 이미 엎질러진 물이 되고 말았다.

남편을 성공적으로 이끌려면 아내가 끊임없이 에너지를 쏟아부어야 한다. 좋은 말처럼 훌륭한 에너지는 없다. 좋은 말을 하는 데는 돈이 들지 않는다. 남편에게 희망의 마시멜로인 '좋은 말'을 아낌없이 하라. 말하는 대로 삶이 변화할 것이다.

한마디 말에 웃고 울고 한다.
용기와 힘을 주는 아내의 말 한마디는
남편에게 어떤 보약보다도 효과가 크다.

행복은 스스로 만드는 것이다

우리는 스스로 만들지 않은 재물을 쓸 권리가 없듯
스스로 만들지 않은 행복은 누릴 권리가 없다.

×

조지 버나드 쇼

머튼이란 사람에게는 다정하고 상냥한 아내가 있다. 머튼 부부는 함께 장사를 하며 서로를 깊이 사랑하였다. 비록 여기저기 떠돌아야 하는 장사였지만 부부는 늘 감사하고 서로를 격려하였다. 그들은 함께함으로써 힘든 일도, 속상한 일도 아무렇지 않게 이겨 냈다.

머튼 부부에게는 한 가지 철칙이 있었다. 자신들의 행복을 다른 사람들에게 나눠 주는 일이다. 다른 사람들도 자신들처럼 행복하게 살기를 바랐다. 머튼 부부는 행복을 나눠 주는 방법으로 자신들의 명함 뒤에 다음과 같은 문구를 새겼다.

행복에 이르는 길. 당신의 마음을 증오로부터,
당신의 머리를 고민으로부터 해방시켜라.
간단하게 생활하라. 기대를 적게 가지고 주는 것을 많이 하라.
당신 생활을 사랑으로 가득 채워라.
빛을 발하도록 하라. 나를 잊고 남을 생각하며,
남의 일을 자신의 일과 같이 하라.
이상과 같은 일을 일주일 동안 계속하라.

머튼 부부는 물건을 사는 사람들이나 자신들이 만나는 누구에게나 문구가 담긴 명함을 나누어 주었다. 명함을 받은 사람들은 문구에 감동하여 마음에 새기고 실천했다고 한다. 머튼 부부의 행적은 많은 사람들의 삶을 변화시켰다. 머튼 부부는 문구가 담긴 명함을 나눠 주며 더 큰 행복을 얻었다고 한다.

부부의 행복은 스스로 노력하여 만드는 것이다. 행복이 찾아오길 기다리지 말고, 적극적으로 행복을 찾아 나서는 부부가 되라.

부부가 함께 행복을 찾아 나서는 노력을 하라.

남편의 실수를 덮어주는 아량 있는 아내 되기

진실을 사랑하고 실수를 용서하라.

×

볼테르

실수는 누구나 하는 일상 중 하나다. 살다 보면 남편이 실수하기도 하고, 아내가 실수하기도 한다. 남편이 아내에게, 아내가 남편에게 실수를 두고 타박한다면 감정의 앙금이 쌓인다. 그렇지 않아도 실수한 당사자는 속이 좋지 않을 것이다. 면박을 주면 감정에 기름을 붓는 꼴이 된다. 상대방이 실수하면 못 본 척하거나 다독여 주는 것이 좋다. 가령 남편이 실수하면 원인이 무엇인지는 파악하되, 그것을 무기 삼아 기를 꺾는 일은 없어야 한다.

"어이구, 잘한다. 내 그럴 줄 알았어. 당신이 하는 일마다 그렇지."

아내가 실수한 남편을 향해 이처럼 말했다고 하자. 남편의 기분은 더럽다 못해 죽고 싶은 심정이 들 것이다. 남편이 실수하더라도 덮어 주어야 한다. 실수를 덮어 주는 아내의 너그러운 마음을 보고 또다시 같은 실수를 반복하는 남편은 없을 것이다. 만약 아내의 너그러움을 남편이 역이용하려거든 지체 없이 메스를 대라. 제 버릇 개 주지 못한다고 했다. 그렇지 않으면 머리에서 김나고 쥐나는 일이 당신을 시도 때도 없이 괴롭힐 것이다.

남편의 실수를 덮어 주는 아량 있는 아내가 되라. 사랑하는 마음이 형벌보다 강하고, 부드러움이 강함을 이기는 법이다. 부드러운 물이 강한 바위를 뚫는 이치와 같다. 당신의 아량으로 남편을 설복하라. 그런 아내가 진정으로 똑똑하고 강한 아내이다.

남편의 잘못을 용서해 주는 아내,

남편의 실수를 덮어 주는 아내가 되라.

현명하고 똑똑하게 바가지 긁는 법

남편은 아내가 잔소리를 늘어놓기보다

식탁에 맛있는 음식을 차리는 편을 좋아한다.

×

새뮤얼 존슨

행복한 가정을 유지하려면 남편을 적당히 긴장하게 만들 필요가 있다. 남자들이란 한번 곁길로 나가면 고삐 풀린 망아지 같은 구석이 있다. 너무 몰아세워도 문제지만 무신경하게 방치해도 문제다. 밀고 당기기를 상황에 맞게 적당히 조율해야 한다. 그러면 남편을 자신이 의도하는 대로 움직여 더 없이 행복한 결혼생활을 영위할 수 있다.

후배 P의 아내를 볼 때마다 참 지혜로운 여자라는 생각이 든다. P는 사람이 좋아서 이 사람과도 저 사람과도 잘 어울린다. 술값도 항상 P가 먼저 낸다. 지출이 많아 P의 아내는 늘 불만이었다.

P의 아내는 카드를 압수하고 매일매일 용돈을 주었다. P는 지은 죄가 있어 아내의 뜻을 거부하지 못했다. P의 아내는 남편이 용돈 지출을 잘하면 올려 주고, 잘못하면 어떤 일이 있어도 더 이상 주지 않았다. 인정 많기로 소문난 P는 용돈을 더 타기 위해 가진 돈에 맞게 짜임새 있는 지출을 했다. 현명한 아내로 인해 P는 용돈을 잘 사용하게 된 것이다.

어떤 아내는 남편을 이 잡듯 잔소리를 퍼부어 댄다. 남편은 기가 꺾이고 집을 고난의 성으로 여기게 된다. 그러다 자칫 어긋난 길로 가 버리는 경우가 종종 있음을 알아야 한다. 어떤 아내는 무신경하달 만큼 방치하는 것을 남편에 대한 사랑이라고 착각한다. 그것도 잘못된 생각이다. 아내의 무신경한 점을 고마워하면서도 경우에 따라 역이용하려는 못된 근성을 가진 남편도 있다. 마냥 눈감아 주거나 모른 척한다면 고운 얼굴에 눈물 자국 남기는 일이 발생할지도 모른다. 현명하고 똑똑하게 바가지를 긁는 지혜로운 아내가 되라.

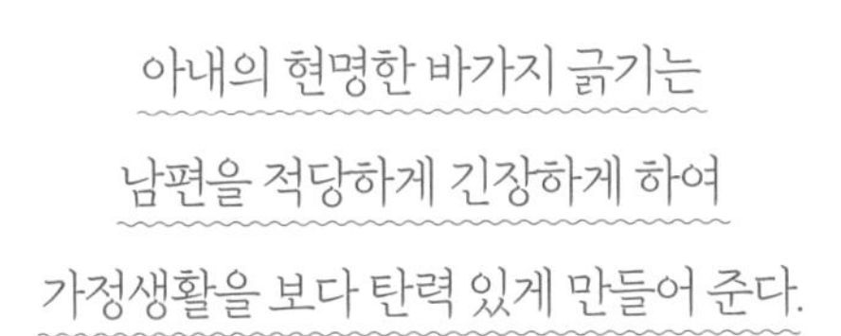

아내의 현명한 바가지 긁기는

남편을 적당하게 긴장하게 하여

가정생활을 보다 탄력 있게 만들어 준다.

칭찬 잘하는 아내가 남편을 변화시킨다

칭찬은 우리에게 가장 좋은 식사이다.

×

스미스 홀런드

칭찬은 삶을 변화시키는 힘을 갖고 있다. 헨리 포드는 에디슨의 칭찬 한마디에 자동차 왕이 되었고, 에디슨은 자신을 인정해 주는 어머니 말씀에 발명왕이 되었다. 전설적인 테너인 엔리코 카루소 역시 어머니 칭찬에 최고의 테너가 되었다.

어떤 남편이 있었다. 남편은 유능했지만 사람들을 대하는 소통 능력이 떨어졌다. 직장 상사와도 관계가 그리 좋지 않았다. 어느 날 그는 사직을 강요받았다. 수출 부진으로 회사가 어려움에 처하자 인원 감원을 단행하였는데 그 대상 중 하나였다. 남편은 회사가 부당하다고 못 먹는 술을 마시고 와서는 소리 내어 흐느꼈다. 남편을 바라보는 아내의 마음은 찢어질 듯이 아팠다. 아내는 조용히 다가가 울고 있는 남편을 꼭 안아 주며 말했다.

"여보, 분이 풀릴 때까지 울어."

아내도 같이 울기 시작했다. 남편은 울음을 멈추고 아내를 바라보다가 말했다.

"당신은 왜 울어? 내가 못나고 불쌍해서?"

"아니, 당신이 우니까 나도 너무 화가 나서."

아내는 계속 울었다. 남편은 더 이상 울지 않았다. 못난 남편 때문에 아내가 운다는 생각에 너무 미안했다. 남편이 아내에게 말했다.

"여보, 울지 마. 나 이제 안 울게."

"고마워, 여보. 나 당신을 믿어. 내가 생각하는 당신은 언제나 최고야. 난 당신이 무슨 일을 한다 해도 잘해 낼 거라고 믿어."

자신을 믿어 주는 아내의 말을 듣고 남편은 새 직장을 구하기 위해 동분서주하였다. 그는 틈틈이 도서관을 찾아 책을 읽으며 부족한 상식을 길렀다. 무엇보다 자신의 약점인 사람들과의 관계를 극복하기 위해 강의를 듣는 등 만반의 준비를 했다. 마침내 그에게 기회가 왔다. 입사 지원서를 낸 그는 당당하게 합격하여 능력을 인정받아 부장으로 재직하고 있다. 아내가 믿어 주고 격려하자 남편은 약점을 이겨 내고 직장에서나 가정에서 인정받는 인물이 되었다.

칭찬은 사람의 마음속에 긍정의 에너지를 불어넣어 준다. 그 에너지는 사람의 능력을 극대화시켜 성공적인 삶을 살도록 도와준다. 칭찬을 잘하는 아내는 언제나 미소를 머금는다. 마음은 따뜻하고 온유하며, 남편을 부드럽게 감싸는 배려가 넘친다.

칭찬을 잘하는 아내가 매력이 있다. 남편을 성공으로 이끌려면 칭찬하라. 지극히 사소한 일이라도 칭찬할 거리를 찾아라. 칭찬하려는 예쁜 마음만 있으면 된다. 아내의 칭찬 한마디가 평범한 남편을 최고의 남편으로 만든다는 사실을 명심하고 명심하라.

♥

아내의 칭찬은

소인인 남편도 군자가 되게 한다.

언제나 연애하는 마음으로 사는 10가지 방법

연애에는 연령이 없다.

연애의 감정은 언제든지 생긴다.

×

파스칼

연애와 결혼에는 큰 차이가 있다. 연애는 환상이지만 결혼은 실제라는 점이다. 결혼을 하고 나서도 환상으로 생각하는 아내들이 많다. 실제로는 자신의 생각과 다르다는 사실을 깨닫고는 실망하는 경우가 종종 있다. 결혼에 대해 잘 몰라서 빚어지는 일이다. 그렇다고 결혼생활을 연애 당시처럼 느끼지 말라는 법은 없다. 아무리 결혼이 실제라지만 조금만 관심을 기울인다면 연애하는 감정을 느끼며 살 수 있다.

U 부부는 결혼한 지 12년이 지났는데도 언제나 연인 같다. 말도 행동도 연애 당시 그대로다. 커플티를 입고 영화관이나 마트도 같이 간다. 옆에서 보는 사람들은 어떻게 한결같이 연애 감정을 갖는지 의구심을 품을 정도다. U 부부가 연애하듯 사는 이유는 결혼 전 약속 때문이다. 둘은 결혼을 해도 연애하는 마음으로 살자는 약속을 실행하는 것이다.

연애하는 마음으로 사는 10가지 방법이 있다. 첫째, 연애하는 감정을 늘 마음에 품으라. 둘째, 가끔은 둘만의 시간을 즐겨라. 셋째, 부부가 함께 술을 마시거나 차를 마시며 쌓인 감정을 털어 내라. 넷째, 부부가 같은 취미생활을 즐겨라. 다섯째, 생일이나 특별한 날엔 반드시 선물을 챙겨라. 여섯째, 사랑한단 말을 자주 해서 연애 시절을 상기하라. 일곱째, 애정 표현에 익숙해지도록 자주 표현하라. 여덟째, 주변 사람들로부터 닭살 부부 소리를 듣도록 행동하라. 아홉째, 아이들보다 부부를 먼저 챙겨라. 열째, 다정하게 서로 이름을 불러 주거나 애칭을 불러 주어라.

연애하는 마음으로 사는 10가지 방법을 부부가 꼭 실행해 보길 바란다. 처음엔 안 맞는 옷을 입은 듯 어색해도 자주 하다 보면 자연스러워진다.

연애할 때는 사랑에 대한 환상을 가져

어떤 일에도 긍정적이다.

연애하는 마음으로 살아라.

신선미 넘치는 아내가 되는 10가지 방법

항상 신선미 넘치는 여자가 되라.

×

헬렌 G. 브라운

결혼을 해도 얼마든지 처녀 때의 모습을 유지할 수 있다. 물론 아이를 출산해서 몸매가 예전 같지 않을지라도 마음만은 언제나 처녀 때처럼 풋풋하게 유지하면 된다. 생각을 어떻게 하느냐가 중요하다. 문제는 간단하다. 신선미 넘치는 아내가 되면 된다.

내가 사는 아파트에서 가끔 보는 어떤 40대 여성은 항상 변화된 모습이다. 머리며, 옷이며, 구두며, 행동거지가 20~30대 못지않다. 40대 주부가 그리 되려면 자기 연출이 뛰어나야 하고, 연출 실력만큼 꾸준히 노력해야 한다.

"도대체 어떻게 하기에 그런 몸매며 패션을 연출하지?"

"누가 40대라고 하겠어. 부럽다."

그녀를 보는 사람들이 하는 말이다. 그녀의 신선미 넘치는 모습은 남편과 가족은 물론 주변 사람들에게도 좋은 영향을 준다.

다음은 신선미 넘치는 아내가 되는 방법 10가지이다. 신선미 넘치는 아내가 되는 방법을 반드시 실행한다면 남편에게 깊은 사랑을 받을 것이다.

첫째, 하루에 3번 이상 거울을 들여다보며 "거울아, 거울아! 이 세상에서 누가 제일 예쁘지?"라고 묻고는 본인의 이름을 외쳐라. 둘째, 매일 몸매 관리 운동을 하라. 셋째, 얼굴은 미워도 몸매는 S라인으로 만들어라. 얼굴은 타고나서 어쩔 수 없다지만, 몸매는 얼마든지 가꿀 수 있다. 넷째, 나는 사랑받기 위해 태어난 자랑스러운 여자라고 스스로 다짐하라. 다섯째, 나는 특별한 여자라고 여기고 스스로 존중하라. 여섯째, 손거울과 간단한 화장품은 늘 갖추고 다녀라. 일곱째, 멋진 몸매는 나의 운명이라고 스스로 속삭여라. 여덟째, 자신보다 낫다고 생각이 드는 여자가 있으면 긴장하라. 긴장하는 마음이 게으름과 방심으로부터 지켜 준다. 아홉째, 남편이 다르게 마음먹지 않도록 항상 긴장의 끈을 놓지 마라. 열째, 건강관리에 관한 자료를 수집하고 실행하라.

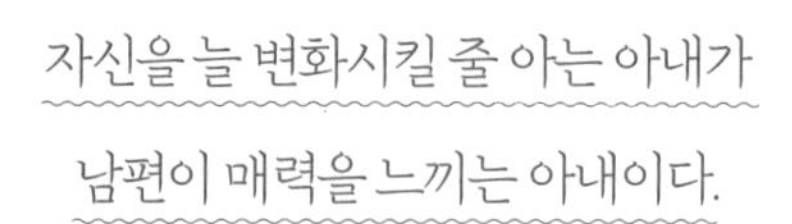
자신을 늘 변화시킬 줄 아는 아내가
남편이 매력을 느끼는 아내이다.

어진 아내가 될 것인가, 악한 아내가 될 것인가

어진 부인은 남편을 귀하게 만들고,

악한 부인은 남편을 천하게 만든다.

×

명심보감

영국의 수상 벤저민 디즈레일리가 아내와 같이 차를 타고 연설장으로 가는 길이었다. 가는 도중 열려진 차 창문을 닫다 실수로 그만 아내의 손이 틈에 끼고 말았다. 아내는 아픔을 참고 연설장까지 갔다. 연설문을 검토하는 남편이 아무런 신경도 쓰지 않도록 하기 위해서였다. 차가 연설장에 도착하고 나서 디즈레일리는 아내의 손이 창문 틈에 끼여 파랗게 멍이 든 것을 알았다. 디즈레일리가 걱정스럽게 말했다.

"여보, 많이 아팠을 텐데 왜 말하지 않았소."

"별일 아닌 일에 당신이 신경 쓰게 하고 싶지 않았어요."

아내는 웃으며 말했다. 그녀는 남편의 일이라면 자신을 헌신하여 디즈레일리가 존경받는 수상이 되게 했다. 참으로 어진 아내였다.

러시아의 국민 작가 톨스토이는 소설가이자 사상가인데, 독실한 믿음으로 가난하고 힘없는 사람들을 아끼고 사랑하였다. 그는 많은 재물을 나누어 주었으며, 농노들을 평민이 되게 풀어 주었다. 그의 아내는 남편이 하는 일에 사사건건 태클을 걸었다. 아내에게 질린 톨스토이는 여든두 살의 나이에 집을 나간 후 시골 간이역에서 숨지고 말았다. 사악한 아내 탓에 세계적인 작가인 톨스토이는 쓸쓸하게 숨지고 말았다.

남편에게 가장 필요한 사람은 아버지도 아니고, 어머니도 아니고, 형제도 아니고, 아들딸도 아니다. 그는 바로 아내라는 이름의 여자다. 아내는 남편에게 친구이자 어머니이자 아이를 낳아 준 고마운 여자이다. 그런 아내가 위신을 세워 주지 않고 철저히 깎아내린다면 남편이 서야 할 자리는 자꾸만 위축되고 만다. 남편이 잘되기를 바란다면 어진 아내가 되라. 악한 아내는 남편과 가족들을 불행하게 하는 마녀와 같다.

♥

어질고 온화한 아내는

남편이 잘못되는 것을 막아 준다.

남편은 그런 아내를 위해 최선을 다한다.

자신만의
매력 갖기

여성의 아름다움은 얼굴에 있지 않다.

여성의 진정한 아름다움은

영혼이 반영된 내면의 모습이다.

×

오드리 헵번

사람은 누구나 자기만의 매력이 있다. 다만 잘 모를 뿐이다. 매력이 없다면 상대의 관심을 사지 못한다. 자신만의 매력을 가져야 상대의 관심을 사는 데 도움이 된다. 자신만의 매력을 갖기 위해서는 자기다움이 강해야 한다. 자기다움이 강하려면 자신만의 빛깔, 즉 개성이 뚜렷해야 한다. 개성이 뚜렷한 사람일수록 매력적이고 깊은 호감을 준다.

강연회를 할 때의 일이다. 빈자리 하나 없이 꽉 찬 강연이어서 더욱 열정적으로 임했다. 사람들이 많을수록 신이 나기 마련이다. 질문 시간에 어떤 여성이 물었다.

"선생님, 진정한 매력은 무엇이라고 생각하십니까?"

나는 잠시 생각하다 답했다.

"장점을 최대한 살려 자신을 상대에게 잘 보여 주는 것이라고 생각합니다. 이런 부류의 사람들은 언제나 긍정적인 마인드로 무장하지요. 자신을 위한 투자를 당연하게 여깁니다. 적극적인 자세가 스스로를 매력 있게 만들지요."

결혼생활에서도 마찬가지이다. 남편과 아내가 서로에게 매력적으로 보이기 위해서는 자기다움이 강해야 한다. 남편은 남편대로, 아내는 아내대로 말이다. 그래야만 서로에게 질리지 않고 행복하며 즐거운 결혼생활을 영위해 나간다. 자기다움을 갖기 위해서는 어떻게 해야 할까.

첫째, 자신이 무엇을 가장 잘하는지 알아야 한다. 가장 잘하는 것을 자신의 매력으로 삼아 적극 개발하라. 둘째, 남과 비교해 내가 더 낫다고 생각하는 것을 매력 포인트로 정하라. 셋째, 책과 뉴스를 보면서 상식의 깊이를 쌓아라. 넷째, 아무리 외모에 자신이 있다고 해도 부스스한 머리는 절대 금하라. 아무리 예쁜 꽃도 시들면 쳐다보지 않는 법이다. 다섯째, 나이보다 어리게 보이도록 당당하고 자신 있는 모습을 간직하라.

아내들도 자신만의 매력을 발산하기 위해 열정을 다해 노력해야 한다. 노력하지 않고는 어떤 매력도 지닐 수 없다. 매력도 노력에서 온다는 것을 잊지 마라.

자신만의 매력을 잘 발산하는 아내가

진정으로 똑똑한 아내이다.

시어머니는 역시 시어머니다

시어머니는 설탕으로 만들어도 쓰디쓰다.

×

스페인 속담

아내에게 가장 어려운 대상은 시댁이다. 앞에 '시'자가 붙는 사람들과 며느리와의 관계는 가장 가까우면서도 가장 멀게 느껴지는 아주 특별한 관계이다. 아내인 며느리가 시댁과 잘 지내기 위해서는 현명하게 대처해야 한다. 자칫 잘못하면 잘해 놓고도 애매한 소리를 듣는다. 눈치껏 잘해야 한다. 며느리 노릇 하듯 하면 어떤 일도 능히 해낼 수 있다. 그만큼 며느리 노릇은 만만치 않다.

먼 친척의 조카며느리 H는 눈치 빠르기가 번개 저리 가라이다. 시어머니 발자국 소리만으로도 기분을 알아차릴 정도다. 시어머니 발자국 소리에 따라 대하는 품새가 다르다. 사실 시어머니 자리가 만만치 않다. 변덕스러움도 있고, 자상함도 있다. 대하기가 쉽지 않다. 그런데도 H는 지혜롭게 잘 대처해 며느리 노릇 12년이 넘도록 무탈하게 까다로운 시어머니의 사랑을 받으며 산다.

반면에 지인 J의 며느리는 시집온 지 3년째인데 아직도 시어머니와의 관계가 원만치가 못하다. 고집스러운데다가 고분고분하지 않다. 그 화가 모두 남편에게로 간다. 남편은 남편대로 스트레스를 많이 받는다. 당연히 부부 싸움도 곧잘 한다. 위태위태할 때가 많다.

현명한 아내, 똑똑한 아내가 되어 시댁과 잘 지내기 위해서는 첫째, 남편을 사랑하는 만큼 시부모님을 공경하는 마음으로 대해야 한다. 둘째, 자신을 며느리가 아니라 딸이라고 여겨라. 셋째, 시댁 일은 앞장서서 하는 모습을 보여라. 앞장서는 며느리를 예뻐하지 않을 시어머니는 어디에도 없다. 넷째, 시댁이 껄끄러워도 연극배우처럼 잘하는 척 재치라도 부려라. 다섯째, 시누이나 시동생을 자기편으로 만들어라. 여섯째, 시댁의 대소사를 꼭 챙겨라. 일곱째, 시부모님의 생신을 정성껏 챙겨 드려라. 여덟째, 시댁을 자주 칭찬하라. 아홉째, 남편을 동원하여 시댁 식구들에게 본인에 대해 좋게 말하도록 하라. 열째, 시부모님에게 때 맞춰 용돈 드리는 것을 잊지 마라. 이처럼만 한다면 시댁 식구들로부터 최고의 며느리라는 칭송을 받을 것이다.

시댁은 가장 가까운 것 같으면서도

가장 멀리 느껴진다.

그래도 나를 조금만 내려놓으면 문제될 것이 없다.

남편을 사로잡는 똑똑한 생각

그가 사랑하게 만들어라.

×

카리나 하스하겐

사랑받는 아내가 되려면 남편의 마음을 사로잡아야 한다. 내가 아니면 안된다는 마음이 들도록 해야 한다. 먼저 남편을 위해 노력하는 모습을 보여 주어라. 자신을 위해 노력하는 아내를 좋아하지 않을 남편은 없다.

후배 S의 아내는 결혼한 지 25년이 되었는데도 여전히 남편의 끔찍한 사랑을 받는다. 그녀가 사랑받을 수밖에 없는 이유는 그만큼 후배 S에게 잘하기 때문이다.

"자넨 여전히 아내를 끔찍이도 사랑하는군. 변함없이 사랑하는 아내를 두었다니, 다 자네 복이네."

"선배님, 그 사람이 절 그렇게 만듭니다. 어떻게 받기만 하겠어요."

"이 사람아, 그게 다 자네 복 아니겠나. 늘 그런 마음으로 아끼며 살게."

"네, 그래야지요."

언젠가 내가 후배 S와 만나서 했던 말이다. 참 보기 좋은 부부가 아닐 수 없다.

남편을 사로잡기 위해서는 첫째, 남편에게 항상 긍정적으로 말해야 한다. 둘째, 언제나 남편을 믿는다는 확신을 심어 준다. 셋째, 조금 마음에 안 드는 구석이 있어도 이해해 준다. 넷째, 잔소리는 짧게 하고 칭찬은 길게 한다. 다섯째, 분위기를 사로잡는 아내가 된다. 여섯째, 남편을 외롭게 하지 않는다. 일곱째, 남편이 원하는 것을 센스 있게 처리한다.

그래도 아내를 좋아하지 않는다면 눈치가 빵점인 덜떨어진 남편이다. 혹여 남편이 그렇다면 정신이 번쩍 나도록 등짝을 후려쳐라. 그런 남편은 잘해 줄 필요가 없다.

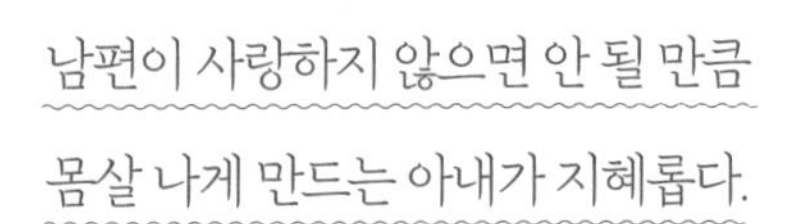

남편이 사랑하지 않으면 안 될 만큼
몸살 나게 만드는 아내가 지혜롭다.

남편의 말을 성의 있게 듣기

남의 말을 경청하는 사람은
어디서나 사랑받을 뿐만 아니라
시간이 흐르면 지식을 얻게 된다.

×

윌슨 미즈너

자기 말을 잘 들어 주는 아내를 둔 남편은 어디를 가든 자신감이 넘친다. 아내에게 받은 긍정의 에너지가 넘치기 때문이다. 반대로 아내에게 무시를 당하는 남편은 어디를 가든 자신감이 떨어진다. 부정적인 에너지가 남편의 몸과 마음을 에워싸기 때문이다. 남편의 말을 잘 들어 주면 가족 모두에게도 긍정적으로 작용하여 행복한 생활을 영위한다.

나폴레옹 3세는 절세미인으로 소문난 외제니와 결혼했다. 그녀는 잔소리꾼에다 바가지 긁기 대장이고, 남편의 말을 도통 귀담아듣지 않는 제멋대로의 여자였다. 아무리 나폴레옹 3세라 할지라도 견뎌 낼 재간이 없었다. 그녀의 외모는 아름다웠으나 마음씨가 고약했던 것이다. 나폴레옹 3세는 이렇게 말했다.

나는 차라리 잘 알려지지 않았다고 해도 나의 사랑과 존경심을 이해하는 소박한 여자를 원한다.

남편의 말을 잘 들어 주려면 첫째, 남편의 말을 존중하는 마음을 가져야 한다. 둘째, 남편이 좋은 말을 하면 맞장구를 쳐라. 셋째, 남편의 위신을 한껏 세워 주어야 한다. 넷째, 남편이 한 말이 귀에 거슬려도 끝까지 다 듣고 나서 의견을 말하라. 다섯째, 남편에게 용기를 주는 아내가 되어라. 여섯째, 무슨 일이든 남편 입장에서 생각해 보라. 일곱째, 남편이 실수한 말을 나무라기보단 아량으로 이끌어 주어라. 이처럼 노력한다면 여왕 대접을 받을 것이다. 모든 것은 자신이 심은 대로 거두는 법이다.

경청은 가장 훌륭한 대화이다.

남편의 말을 잘 들어 주는 아내가 오래 사랑받는다.

여우 같은 아내,
곰 같은 아내

여자는 혀로 이루어져 있다.

여우가 꼬리로 이루어져 있는 것처럼.

×

프랑스 속담

여우 같은 아내가 될 것인가, 곰 같은 아내가 될 것인가. 아내들에게는 양자택일의 문제이기도 하다. 이론적으로나 상식적으로는 알아도 현명하게 대처하지 못하는 게 또한 아내들이다. 성격적인 문제가 많은 작용을 하는 것도 사실이다. 성격이 나긋나긋하고 애교가 많은 아내는 일단 여우 같은 아내가 될 확률이 높다. 타고난 성격대로만 해도 남편을 사로잡을 수 있다. 반대로 뻣뻣하고 무뚝뚝한 아내는 곰 같은 아내가 될 확률이 높다. 물론 성격 자체로 본 경우이다.

잘 아는 지인의 아내는 몸무게가 70킬로그램이 넘는다. 키가 작아 몸의 볼륨이 더 커 보인다. 그런 외모와는 달리 목소리가 그야말로 옥쟁반 위로 구슬이 굴러가는 듯한 꾀꼬리 소리다. 거기에 상냥하기는 또 얼마나 상냥한지, 외모와는 전혀 딴판이다. 남편은 아내의 애교에 그만 깜빡 죽는다.

또 다른 지인의 아내는 몸매가 날렵하고 얼굴도 예쁘다. 생긴 것과는 달리 목소리는 걸걸하고 무뚝뚝하고 참나무처럼 빳빳하다. 애교 많게 생긴 외모와는 전혀 딴판이다. 남편은 완전히 속았다고 가끔 농을 하기도 한다.

여우 같은 아내가 되느냐, 곰 같은 아내가 되느냐는 생긴 외모와는 상관없다. 여우 같은 아내가 되려면 여우처럼 말하고 행동하면 된다. 그러면 누구나 사랑받는 여우 같은 아내가 될 수 있다.

여우 같은 아내가 되기 위해서는 첫째, 나는 사랑받기 위해 결혼한 아내라고 생각하라. 둘째, 내가 싫어도 가정의 평화를 위해 참는 아량을 가져라. 셋째, 가족들에게 사랑한단 말을 자주 하라. 넷째, 시댁 일엔 무조건 참여하라. 다섯째, 시부모님에게 일주일에 한 번은 문안 전화를 드려라. 여섯째, 남편이 잘하는 일은 무조건 칭찬하라. 일곱째, 같은 말도 기분 좋게 하는 센스를 길러라. 이와 같은 7가지를 실천한다면 반드시 여우 같은 아내가 되어 남편의 사랑을 독차지할 것이다.

여우 같은 아내는 저절로 되지 않는다.

당신이 사랑받는 아내이길 원한다면

여우 같은 아내가 되도록 노력하라.

현명한 아내가 되는 10가지 법칙

현명한 사람이라면 찾아낸 기회보다
더 많은 기회를 만들 것이다.

×

프란시스 베이컨

현명한 아내는 같은 일도 지혜롭게 하고, 화가 나도 분위기 파악을 잘해 슬기롭게 극복해 낸다. 현명하지 못한 아내는 충분히 해낼 일도 그르치게 한다. 행복한 가정, 따뜻한 가정이 되기 위해서는 누구보다도 아내가 현명해야 한다.

월터 댐로쉬는 미국의 유명한 연설가였다. 그는 당시 미국 국무

장관이자 대통령 후보였던 제임스 G. 브레인의 딸과 결혼했다. 댐로쉬 부부는 행복한 잉꼬부부로 소문이 자자했다. 어떻게 해야 행복한 부부로 살 수 있느냐는 질문에 댐로쉬 부인은 이처럼 말했다.

배우자 선택도 중요하지만 그보다 결혼 후 예의를 갖춰 현명하게 처신하는 것이 더욱 중요합니다. 만일 아내가 남에게 예의를 지키고 현명하게 하듯 남편에게도 똑같이 한다면 남편도 아내에게 예의를 지키고 현명하게 대할 것입니다. 이것이 우리가 행복한 부부로 사는 비결입니다.

댐로쉬 부인의 말은 매우 현명하고 지혜롭다. 행복하게 사는 부부들은 대개 동서양을 막론하고 댐로쉬 부인처럼 말하고 행동한다. 결국 행복한 부부는 노력에서 온다는 것이다. 다음은 현명한 아내가 되는 10가지 법칙이다.

첫째, 멋과 사치를 구분하는 눈을 가져야 한다. 둘째, 사치는 돈 낭비에 불과함을 기억하라. 셋째, 진짜 멋쟁이는 있는 것으로 자신을 멋지게 코디하는 사람이다. 넷째, 적은 돈으로도 멋을 부릴 줄 아는 센스를 길러라. 다섯째, 남의 떡은 언제나 커 보이는 법이다. 여섯째, 나만의 개성을 살리는 스타일리스트가 되라. 일곱째, 나의 장점을 최대한 활용하라. 여덟째, 각종 여성 잡지나 신문, 방송 등에서 제공하는 정보를 응용하여 직접 해보면서 자신감을 키워라. 아홉째, 실속 있는 일에 적극적으로 참여하여 자신의 능력을 계발하라. 열째, 리폼을 적극적으로 활용하여 불필요한 낭비를 줄여라.

앞에서 제시한 10가지를 실천한다면 현명한 아내가 됨은 물론 삶을 누구보다도 적극적으로 살아가게 될 것이다. 행복은 그냥 오는 것이 아니라 땀방울을 통해 오기 때문이다.

현명한 아내는 아름다운 사랑과
만족스런 행복을 찾는 데 아주 적극적이다.
현명한 아내는 모든 남편들의 희망이다.

자신감 있는 아내가 남편이 잘되게 한다

내 자신에 대한 자신감을 잃으면

온 세상이 나의 적이 된다.

×

랄프 왈도 에머슨

좋은 아내가 갖춰야 할 자세는 생각하기에 따라 다르지만, 반드시 지녀야 할 것 중 하나가 '자신감'이다. 자신감 있는 아내는 남편이 잘되게 한다. 자신감이 넘치는 아내는 어떤 상황에서도 남편에게 용기를 북돋워 주고 기를 세워 준다. 아내의 기를 받은 남편은 아내를 위해 최선을 다하려고 하여 좋은 성과를 내게 된다.

시카고 어느 빌딩 옥상에서 한 남자가 뛰어내렸다. 투신자살을 한 것이다. 사업 실패에 따른 신경쇠약과 공포증에 시달린 결과였다. 그런데 그는 조금 다친 것 말고는 멀쩡했다. 기적과 같은 일이었다. 그는 죽지 않고 살아나자 자신을 돌아보게 되었다. 그는 생각 끝에 결론을 내렸다. 모든 것을 아내에게 털어놓자고.

그는 사업 실패에 따른 충격으로 자살을 시도했으나 죽지 않고 살아났다는 것을 아내에게 말했다. 아내는 그의 말을 듣고 "진정 당신을 사랑하고 나를 사랑한다면 집 걱정은 하지 말고 다시 시작하라"며 격려해 주었다. 그는 아내의 말에 진정으로 고마워하며 다시 새롭게 출발하여 마침내 전보다 큰 기업체를 갖게 되었다. 아내의 자신감 있는 격려가 그를 성공으로 이끈 것이다.

꿈과 자신감을 심어 주는 아내의 말 한마디는 남편에게 성공의 촉진제와 같다. 남편이 잘되도록 하려면 끊임없이 격려하고 힘을 북돋워 주어야 한다. 자신감으로 남편을 내조하니 잘될 수밖에 없다. 매사에 자신감 넘치는 아내가 되어 남편에게 성공의 에너지를 팍팍 심어 주어야 한다.

남편이 자신감을 키우도록 아내가 돕는 행동은

곧 자신을 이롭게 하는 것과 같다

아내의 특권이자 의무,
맛있는 밥상 차리기

우리가 먹는 음식은 곧 우리 자신이 된다.

×

히포크라테스

아내의 역할 중 매일 반복적으로 이루어지는 것이 음식을 만드는 일이다. 아내들은 음식을 만들며 맛있게 먹어 줄 가족들 생각에 행복에 젖는다.

"엄마, 이거 참 맛있어."

"그래? 우리 딸, 많이 먹어."

"응, 엄마. 또 만들어 줄 거지?"

"그럼. 어서 먹으렴."

아이와 엄마가 하는 얘기를 듣고 남편이 한마디 거든다.

"역시 당신이 만든 갈비찜이 최고야!"

이쯤 되면 아내는 큰 행복감에 사로잡힌 아내이자 엄마라는 대단한 만족감을 느낀다.

음식을 만드는 일은 아내들에게는 매우 신경 쓰인다. 매일 같은 음식을 내놓을 수는 없기 때문이다. 같은 음식을 내놓기라도 하면 남편과 아이의 입에서 불평이 쏟아진다.

"다른 반찬 좀 할 수 없어? 어떻게 같은 음식을 3일이나 연거푸 먹으라는 거야?"

"엄마, 정말 너무해. 이게 뭐야? 나 안 먹을래."

남편과 아이는 불만 가득한 얼굴로 수저를 내려놓을지도 모른다. 만일 이런 일이 생긴다면 아내로서 엄마로서 직무 태만이다. 같은 음식도 맛있게 해서 먹으면 가족의 살이 되고, 피가 되고, 곧 건강한 몸이 된다. 음식 만들기는 아내의 특권이자 의무이다. 의무를 즐기는 아내가 되라.

요리 잘하는 아내는 훌륭한 재능을 가진 것과 같다.

착한 아내는 남편에게 제2의 어머니다

착한 아내는 남편에게 제2의 어머니다.

×

사기

남편이 잘되게 하는 아내는 끊임없이 용기와 희망을 불어넣어 준다. 아내의 입에서는 언제나 맑은 햇살같이 남편의 마음을 반짝이게 하는 말들이 쏟아져 나온다.

"여보, 당신은 무엇을 해도 잘할 수 있어. 난 당신의 능력을 믿어."

"우리 여보, 이제 보니 정말 멋쟁이다."

"당신이 있어 나와 아이들이 언제나 행복한 거 알지?"

"나는 복이 참 많은 여자야. 당신 같은 사람을 만났다니."

이런 말을 듣는 남편은 저절로 힘이 난다. 자신을 믿어 주고 격려하는 아내를 진정으로 사랑하게 된다. 착한 아내는 남편에게 어머니와 같다. 어머니가 자식에게 무한한 사랑으로 꿈을 심어 주듯 착한 아내도 그러하다.

남편에게 제2의 어머니인 착한 아내가 되기 위해서는 첫째, 좋은 아내가 되겠다는 생각을 늘 가슴에 품고 실천한다. 둘째, 남편이 하는 일에 관심을 갖고 도움이 되는 일을 찾는다. 셋째, 남편이 건강해야 가정이 행복하다는 마음으로 편안하게 대해 준다. 넷째, 사랑은 많이 주고 바가지는 적게 긁는다. 다섯째, 같은 말이라도 좋은 말을 가려서 한다. 여섯째, 정성스럽게 밥상을 차린다. 일곱째, 절대로 남편 기를 죽이지 않는다. 여덟째, 능동적인 생활로 집안 분위기를 밝게 띄운다. 아홉째, 남편이 싫어하는 말은 가려서 한다. 열째, 남편의 좋은 점을 찾아서 칭찬한다.

10가지 방법을 지속적으로 실천해 보라. 남편은 분명 지금과는 180도 달라질 것이다. 남편이 잘되면 가족 모두가 행복하고 더불어 잘된다.

♥

남편에게 따뜻하고 착한 아내가 되라.

남편은 정성에 감동하여

더욱 당신과 가족을 위해 집중할 것이다.

새롭게 가꾸는
아름다운 아내 되기

아름다움에 대해 깊이 생각하는 자는

인생을 견딜 힘을 발견하게 된다.

×

레이첼 카슨

지나치지만 않는다면 여성은 변신을 꾀해야 한다. 지금보다는 다르게 자신의 모습을 가꾸는 것이 좋다. 일 년 열두 달 늘 변화가 없는 여성에게는 신선한 매력이 없다. 여성이 남자와 다른 점이 있다면 변화를 좀 더 자유롭게 한다는 것이다. 자신을 가꾸는 것은 아내로서 당연한 특권이자 의무이다.

J 작가의 아내는 얼굴은 보통이지만 몸매가 뛰어나다. 그녀는 장점을 최대한 살릴 줄 아는 센스 있는 여성이다. 집에서도 그냥 있는 법이 없다. 항상 화장을 하고 옷도 정갈하게 입는다. 바로 외출해도 좋을 정도다. 그녀는 같은 옷을 이틀 이상 입지 않는다. 같은 옷도 새롭게 코디를 해서 입는다. 항상 새로운 옷을 입는 것처럼 보인다. 남이 봐도 늘 신선한 모습인데 남편이야 오죽할까. 그들 부부는 볼 때마다 정이 끓어 넘친다.

반면 매일 같은 옷만 줄기차게 입는 아내들도 있다. 경제적인 면을 고려한 경우도 있지만 천성이 가꾸지 않는 스타일도 있다. 외모가 뛰어나지도 않으면서 왜 그처럼 자신을 방치하는지 모르겠다. '이미 결혼해서 임자가 있으니까, 누가 날 넘볼 리도 없고, 나도 누굴 넘볼 것도 아니고'라고 생각하는 것 같다. 잘못된 생각이다. 부부 간에는 '부부의 예의'라는 것이 있다. 너무 지나쳐도 안 되지만 너무 뒤처져도 안 된다. 남편이 얼굴 팔리지 않게는 해야 한다.

"남편은 깔끔한데 저 여자는 만날 저렇게 다니는 것 봐. 남편 위신도 있는데 말이지."

주변 사람들 입에서 이런 말이 나오지 않아야 한다. 남편에 대한 예의가 아니다. 여성의 특권은 뭐니 해도 다양하게 변신을 꾀하는데 있다. 옷 스타일, 헤어스타일, 화장술 등 자신을 최대한 돋보이게 하라.

이상하게도 결혼해서 아이만 낳았다 하면 그대로 자신을 방치하는 아내들이 많다. 반찬 묻은 옷을 그대로 입고, 눈곱이 낀 눈을 손으로 쓰윽 비비고, 무릎 부분이 거의 반 뼘은 툭 불거진 바지를 입고 슈퍼로 간다. 남편이 그런 아내를 보고 아연실색을 해도 '네 자식 낳아 준 나를 어쩔 건데?' 하는 식이다. 남편에게 사랑받고 싶다면 늘 새롭게 가꾸어라. 무엇보다 아내도 여자인 것이다.

아름답게 꾸밀 줄 아는 아내에게
싫증을 느낄 남편은 없다.

남편의 사랑이 클수록 아내의 사랑도 커진다

남편의 사랑이 지극할 때

아내의 소망은 조그마하다.

×

안톤 체호프

아내에게 사랑받는 남편이 되려면 먼저 지극한 사랑을 보여야 한다. 사랑을 주는 남편을 사랑하지 않을 아내는 없다. 남편의 사랑이 클수록 남편에 대한 아내의 사랑도 커지는 법이다.

민중가요 작곡가인 윤민석이 암 투병 중인 아내를 위해 "누가 1억 원만 빌려 달라"고 트위터에 올렸다고 한다. 놀랍게도 보름 만에

1억 5천만 원이 모였다고 한다. 그는 광주민주화운동 당시의 사진을 보고 충격을 받아 노래 운동을 벌였다. 그 과정에서 〈전대협 진군가〉와 〈지금은 우리가 만나서〉 등 많은 민중가요를 만들었다. 그런데 그동안 자신이 만든 노래의 저작권료를 한 푼도 받지 않았다고 한다. 짧은 기간에 큰돈이 모인 것은 돈을 낸 사람들이 그의 노래에 대한 빚을 갚는 마음이 있었기 때문이라고 한다.

그 후 노래를 했던 아내가 음반 하나 내지 못한 것이 안타까워 같이 작업하여 음반을 발매했다고 한다. 지성이면 감천이라는 말이 있다. 남편의 지극한 사랑이 아내를 병으로부터 일으켜 세웠고, 음반 하나 내지 못한 아내에게 음반 선물까지 하였다. 모두 아내를 향한 뜨거운 사랑의 힘이 있었기에 가능했다.

남편의 사랑이 크면 클수록 아내의 사랑도 커진다. 진정으로 아내의 사랑을 받길 원한다면 기를 세워 주고 원하는 요구는 가급적 들어주어야 한다. 그리고 이는 곧 남편에 대한 아내의 사랑으로 되돌아온다는 것을 잊지 말아야 한다.

아내에 대한 사랑이 깊은 남편은

자신이 준 사랑보다 큰 사랑을 아내에게 받을 것이다.

아내를 아낌없이 사랑하고 사랑하라

각각 자기의 아내 사랑하기를 자신같이 하고

아내도 자기 남편을 존경하라.

×

성경

아내는 남편 하기 나름이라는 말이 있다. 남편이 어떻게 하느냐에 따라 아내의 태도가 달라진다. 부부란 사이가 좋을 때는 가장 가까운 사이라도 사이가 나쁠 때는 멀어도 그렇게 멀 수가 없다. 행복한 결혼생활을 위해서라면 아내도 그렇지만 남편도 크고 넓은 사랑을 주도록 노력해야 한다.

미국 제39대 대통령인 지미 카터는 아내 로잘린과의 부부 금슬이 좋기로 유명하다. 로잘린 여사는 남편인 지미 카터를 그림자처럼 내조하여 최대한 평안한 가운데서 직무를 보게 했다. 지미 카터도 항상 친절하고 웃는 모습으로 아내 로잘린을 존중하고 사랑하여 미국 여성들에게 좋은 이미지를 심어 주었다. 지미 카터는 자신의 책《나이 드는 것의 미덕》에서 이렇게 말했다.

52년을 함께 산 우리는 상당히 가까운 사이다. 우리의 유대감은 나이가 들어가면서 더욱 튼실해졌고, 서로의 필요성을 절실히 느끼게 되었다. 단 하루만 떨어져 있어도 마치 신혼 때 일주일이나 그 이상 바다에 나가 있을 때처럼 왠지 외롭고 공허한 느낌이 든다. 나이가 들면 젊었을 때보다 더 서로에게 헌신적으로 된다는 점에는 의심의 여지가 없다.

지미 카터의 말은 부부가 살아가는 동안 서로 유대감을 통해 더욱 돈독해져야 함을 의미한다. 그래야 나이가 들어서 서로에게 더욱 헌신적일 수 있다는 것이다. 매우 일리가 있는 말이다. 지미 카터는 자신의 말대로 아흔이 넘는 나이에도 아내 로잘린에게 최선을 다하고 있다고 한다.

사랑이 많은 남편들이 아내의 사랑을 듬뿍 받으며 살아가는 것은 어쩌면 지극히 당연한 일이다. 아내에 대한 사랑의 표현을 다음처럼 해 본다면 매우 효과적이다.

시간 나는 대로 아이와 놀아 주고, 가끔씩 함께 장을 보고, 휴일에는 아내를 위해 앞치마를 둘러 라면이라도 끓여 보라. 틈나는 대로 청소기를 돌리고, 한 달에 한두 번은 설거지를 해보라. 가끔씩 가족들의 빨래를 개어 보면 가족의 향기가 새록새록 피어나 가슴을 찡하게 할 것이다. 어쩌다 한 번씩은 와이셔츠를 다리고, 아내가 시키지 않아도 틈틈이 쓰레기를 버려라. 서로 마주 앉아 파를 다듬고 마늘을 까며 얘기를 나눈다면 아내는 당신을 최선을 다해 사랑할 것이다.

♥

자신보다 아내를 더 사랑하고,
가사 노동도 도울 줄 아는 남편이야말로
진실한 아내의 사랑을 받을 자격이 있다.

자신을 사랑하듯
아내를 사랑하라

자신을 사랑하는 것이야말로

평생 지속되는 로맨스이다.

×

오스카 와일드

연애 시절에는 눈치도 빠르고 여자 친구가 눈만 깜빡해도 척척 알아서 바치다가도, 막상 결혼해서 내 여자다 싶으면 눈치 빠르게 굴던 행동들은 슬그머니 꼬리를 감춘다. 본인은 손가락 하나 까딱 안 하면서 "이거 가져와라, 저거 가져와라" 하며 종 부리듯 아내를 다루려고 한다. 이런 남편은 현대 사회에서 내쳐지기 십상이다. 더 늦기 전에 연애 시절의 모습으로 돌아가야 한다.

미국에서 있었던 일이다. 아내가 수술을 받았는데 그만 실명하고 말았다. 하늘이 무너지는 충격을 받았지만 남편은 매일같이 아내를 직장까지 출근을 시켜 주었다. 하루 일과를 마치면 다시 아내를 집으로 데리고 왔다. 그러던 어느 날 남편이 말했다.

"여보, 미안하지만 서로의 직장이 머니까 이제부터는 당신 혼자 출근하는 게 좋겠어."

남편의 말에 아내는 섭섭함을 넘어 배신감을 느꼈다. 다음 날부터 아내는 혼자 출근하기 시작했다. 아내는 혼자 출근하면서 많은 어려움을 느꼈다. 2년이 지나면서 많이 익숙해져 무리 없이 출근하게 되었다. 하루는 버스 기사가 아내에게 말했다.

"부인께서는 참 복도 많습니다."

"그게 무슨 말이지요?"

"매일 남편이 버스에 함께 올라 부인이 직장에 들어가는 순간까지 지켜보다가 손을 흔들어 주더군요."

버스 기사의 말을 듣고 아내는 울음을 터뜨렸다.

아내에 대한 지극한 남편의 사랑이 느껴지는 감동적인 이야기이다. 이런 남편이라면 아내는 매일 사랑을 베풀 것이다.

아내를 자신을 사랑하듯 사랑하라.

그러면 아내도 남편을 똑같이 사랑하게 된다.

아내에게 코드를 잘 맞추어 주기

남자의 집은 아내이다.

×

탈무드

남자들은 결혼을 해도 아이 같은 구석이 있다. 어머니에게 의존하던 버릇이 있어 결혼을 해서도 아내에게 의존하려고 한다. 과거에는 남편들이 그래도 아내들이 받아 주었다. 요즘 아내들에게는 어림없는 일이다. 간이 배 밖으로 나오지 않은 한 자살 행위나 마찬가지이다.

현대 사회는 모계 사회였던 신석기 시대로 다시 회귀하는 현상을 보인다. 여성의 나이가 위인 연상 연하 커플이 점점 늘어나는 추세다. 또한 나이가 아무리 적어도 아내가 가정의 중심 자리에 있는 것이 현대 가정의 모습이다. 《탈무드》의 말은 이런 의미에서 매우 적확한 표현이라 하겠다.

'집'이란 잠자고 생활하고 안식을 취하는 공간이다. 가족들이 둘러앉아 이야기꽃을 피우기도 하고, 비와 바람과 뜨거운 햇살을 피하며 보호받는 공간이기도 하다. 집은 가족의 꿈이 자라고 사랑을 키워 나가는 공간인 것이다. 아내는 집처럼 남편과 아이들을 감싸주고 생활을 영위해 나가는 매우 중요한 역할을 하는 존재이다. 아내는 남편의 집이자 아이들의 집인 것이다.

그렇다면 집인 아내를 위해 남편으로서 마땅히 해야 할 일이 있다. 집이 탄탄해야 안전하게 생활한다. 보수도 하고 닦고 매만져 기름지게 해야 오래도록 집을 사용할 수 있다.

집인 아내를 위해 첫째, 아내가 무슨 말을 하면 추임새 놓듯 동조하라. 둘째, 아내가 무엇을 원하는지 파악하는 센스를 길러라. 셋째, 아내의 의견에 가능한 공감을 표하라. 넷째, 아내를 이기려고 자신을 내세우지 말라. 아내의 기분이 안 좋으면 수단과 방법을 가리지 말고 기분을 풀어 주어라. 다섯째, 같은 상황에선 무조건 아내에게 양보하고 분위기를 맞춰 주어라. 여섯째, 아내가 편안하면 집안이 평안하다. 아내의 마음을 편안하게 해주어야 한다. 남편이 집인 아내를 위해 노력한다면 아내는 자신의 역량을 총동원하여 가정을 행복하게 만드는 일에 최선을 다할 것이다.

♥

아내에게 잘 맞추어 주는 남편이 대접받는다.

마치 편안한 집에서 안식하는 것처럼

아내에게 편안함을 느껴 행복이 배가 된다.

아내의 말을 존중해서 대화하기

상대방의 의견에 절대로
"그건 아니야"라는 말을 하지 마라.
상대방의 의견을 존중하라.

×

데일 카네기

우리나라 남편들은 아내와의 대화를 자연스럽게 이끌지 못하는 편이다. 과거의 아버지들이 해 오던 모습을 보고 자랐기 때문이다. 아내와 대화를 즐기지 못하고 할 말만 하거나 객처럼 구는 남편들이다. 과묵함은 옛날 남편들에게서 흔히 보았던 현상이었다. 남편이 너무 입을 다물고 있으면 아내는 답답해한다.

남편이 과묵하면 부부간에 소통의 단절을 가져와 아내가 답답해하며 분노하게 된다. 남편이 아내를 존중하는 모습을 보이기 위해서는 첫째, 무슨 일이든 아내의 의견을 존중해야 한다. 둘째, 아무리 열받는 일도 타협을 원칙으로 해야 한다. 셋째, 말투는 부드럽게 행동은 여유롭게 한다. 대립되는 부분에서는 아내의 의견을 따르는 것이 좋다. 아내는 감동하여 남편의 의견도 존중해 줄 것이다. 넷째, 아내를 무시하는 말과 행동을 절대 금하고 이기려고 하지 마라.

남편이 이 네 가지 행동을 잘한다면 아내는 자신이 존중받는다고 믿는다. 존중받는 아내도 남편에게 최선을 다하려고 할 것이다. 아내를 존중하는 대화는 부부 사이를 원만하게 해 준다. 행복한 가정을 만드는 데 반드시 필요한 윤활유이다.

누구나 자신의 의견을 존중하는 사람을 좋아한다.

아내에게 사랑받고 싶다면 먼저 존중하라.

아내와 아이를 행복하게 만드는 남편

처자식을 위할 줄 모르는 남편은
집에 수사자를 키우며
불행의 보금자리를 꾸미는 것과 같다.

×

제레미 테일러

남편이자 아빠는 아내에겐 연인 같은, 아이에겐 친구 같은 역할을 해야 한다. 가부장적인 권위는 이제 소용없는 거추장스러운 옷과 같다. 요즘 아내들은 부드럽고 따뜻한 남편을 원한다. 아이들도 "어떤 아빠를 원하니?" 하고 물어보면 '친구처럼 잘 놀아 주고, 맛있는 것을 많이 사 주는 아빠'라고 말한다. 눈치코치 없이 아내를 제 성격대로 대하거나 아이들을 엄하게 대한다면 아내와 아이들에게 왕따 당하기 십상이다.

현명한 남편은 분위기를 잘 맞출 줄 아는 남편이다. 아이들의 바람을 잘 간파하고 대처하는 아빠가 현명한 아빠다. 아빠 노릇 하기 힘든 세상이라고 항변할 수도 있겠으나, 삶은 흐르는 강물처럼 흘러갈 뿐이다. 흐름의 순리를 거부할 수 없다면 똑똑하고 지혜롭게 행동하는 것이 가족 모두를 위해 좋은 일이다.

지인 중에 K가 있다. 그는 질투가 날 만큼 부부 사이가 좋다. 매일 보는데도 무슨 할 말이 그리도 많은지, 언제나 붙어 앉아 누가 있건 말건 소곤거리며 다정함을 과시한다. 신혼 때부터 그래 와서 K 부부의 모습은 아주 자연스럽게 다가온다.

K는 아내에게 하듯이 두 아이도 친구처럼 스스럼없이 대하였다. 친구 같은 아빠를 둔 아이들은 어느 집에서든 한 번은 혹독하게 치르는 사춘기 시절을 아무 일 없이 넘겼다. 지금은 서른다섯 살인 딸도, 서른세 살인 아들도 K와 친구처럼 스스럼없이 지낸다.

아내나 아이들은 남편이자 아빠가 어떻게 하느냐에 따라 달라진다. 아내와 아이들이 좋아하는 남편이자 아빠가 되기 위해서는 어떻게 행동해야 할까. 첫째, 아내가 바빠서 쩔쩔맬 땐 눈치껏 아이를 돌보라. 아내에게 확실한 칭찬을 받을 것이다. 둘째, 아내와 아이에게 점수를 따고 싶다면 가끔은 아이와 놀아 주어야 한다. 셋째, 아이는 아내만의 전유물이 아니다. 아이는 공동으로 책임을 져야 한다.

이 세 가지 방법을 꾸준히 실천한다면 아내와 아이들에게 환

영받는 아빠가 된다. 그런 남편을 일등 남편이라고 아내들은 생각한다.

♥

휴일에 배짱 좋게 자기 혼자 즐기는 남편은
간이 배 밖으로 나온 사람이다.
그들의 장래는 먹구름 낀 하늘과 같다.

아내와 올바른 관계를 형성하라

행복한 삶의 비밀은 올바른 관계를 형성하고,
그 관계에 올바른 가치를 매기는 것이다.

×

노먼 토머스

행복하게 사는 부부들은 부부 사이에 관계 형성이 잘되어 있다. 남편과 아내가 동등한 입장에서 서로를 대한다. 서로에게 매우 인격적이며, 무슨 일을 하더라도 한쪽이 일방적이지 않고 충분히 논의를 거친 뒤 진행한다. 그러다 보니 일이 원만하게 잘 진행되어 좋은 결과를 낳는 경우가 많다. 설령 일이 잘못되더라도 크게 당황하거나 낙담하지 않는다. 서로가 논의를 거친 일이기에 공동의 책임을 지기 때문이다.

싸움이 잦은 부부들을 보면 관계 형성이 잘 안되어 있다. 남편과 아내가 각자의 입장에서 서로를 함부로 대한다. 무슨 일을 하더라도 남편이나 아내가 자신의 입장만 바라보고 진행한다. 일이 잘되는 경우보다는 그렇지 않은 경우가 더 많다. 그래 놓고 서로를 탓하며 잘못을 전가한다. 원만한 부부 관계가 잘 형성이 되었느냐, 아니냐는 매우 중요하다.

사랑하는 사람과 행복하게 살기 위해서는 한 가지 비결을 알아 두어야 한다. 상대를 자기에게 맞추려 하지 말고, 자신을 상대에게 맞추어야 한다는 것이다.

소설가 발자크가 한 말로, 부부 관계를 형성함에 있어 중요하게 생각해야 할 포인트를 잘 지적한 말이다. '내 입장이 아니라 상대방의 입장에서 바라보라'는 의미이다. 옳은 얘기다. 그래야 원만한 부부 관계를 형성하여 행복한 결혼생활을 할 수 있다. 그런 가운데에서 진정한 가치를 실현하는 것이다. 행복한 결혼생활을 원한다면 자기 입장이 아니라 상대방 입장에서 바라보면서 원만한 부부 관계를 형성해야 한다.

부부 사이가 원만한 부부는

둘 사이에 관계 형성이 잘되어 있다.

상대방 입장에서 생각하고 행동하라.

좋은 결혼생활을 영위해 나가기

좋은 결혼생활은 개인의 변화와 성장,
사랑을 표현하는 방식에 있어서의
변화와 성장을 가능케 한다.

×

펄 벅

행복한 결혼생활은 부부라면 누구나 꿈꾼다. 이는 실제의 생활이 그렇지 못하다는 방증이다. 행복한 결혼생활을 하는 부부도 있지만 그렇지 못한 부부들이 훨씬 많다. 이혼율은 날로 급증하고, 결혼하려는 젊은이들도 과거에 비해 점차적으로 줄고 있다. 취업 문제에 따른 경제적인 여건 때문인 이유가 크지만, 반드시 결혼해야 한다고 생각하지 않는 젊은이들도 적지 않다.

결혼의 목적으로 종족 보존과 생리적 현상인 성적 욕망의 해소, 삶의 행복 추구 등을 여겨 왔다. 이러한 의식이 변화를 보이고 있다. 많은 젊은이들은 결혼생활이 반드시 행복하지 않다고 생각한다. 동거나 다른 방법으로도 얼마든지 아이를 키우거나 욕망을 해결할 수 있다고 판단한다.

결혼생활이 행복하다면 문제의 본질은 달라진다. 행복해하는 부부가 많으면 저절로 해소될 문제이다. 행복한 결혼생활을 영위하기 위해서는 첫째, 경제적으로 충족해야 한다. 둘째, 부부 사이에 믿음과 신뢰가 형성되어야 한다. 셋째, 부부생활에 문제가 없어야 한다. 넷째, 인격적으로 부부가 평등해야 한다. 다섯째, 자기만의 생활을 가지도록 배려해야 한다.

기본적인 이 다섯 가지만 충족되어도 펄 벅이 말하는 '좋은 결혼생활'에 따른 개인의 변화를 이끌어 낸다. 개인의 변화를 통해 사랑의 표현 방식도 바뀌어 행복한 결혼생활을 영위할 수 있는 것이다.

♥

좋은 결혼생활은
개인의 변화를 이끌어 낸다.

나의 여자인 아내에게 충실하라

아내란 자신이 만들어 낸 작품이라는 것을
남편은 알아야 한다.

×

발자크

아내는 남편이 하기에 따라 모습을 달리하는 팔색조와 같다. 남편이 어떤 생각을 하고, 어떻게 대하느냐에 따라 아내는 여러 모습으로 자신을 표현한다. 아내가 자신에게 잘 맞춰 주기를 바란다면 먼저 아내에게 본인을 맞추어 주는 것이 좋다.

'아내란 자신이 만들어 낸 작품'이라고 한 발자크의 말은 바로 남편이 하기에 따라 착한 아내도 될 수 있고, 나쁜 아내도 될 수도 있다는 뜻이다. 남편의 말이라면 무엇이든 믿고 지지하는 아내가 될 수도 있고, 무엇이든 부정하고 반대하는 아내가 될 수도 있다.

남자가 가지고 있는 최고의 자산은 바로 아내이다.

영국의 성직자이자 역사학자인 토마스 풀러가 한 말이다. 남편에게 아내란 존재가 얼마나 소중한지를 단적으로 알게 하는 말이다.

아내에게 충실한 남편이 되기 위해서는 첫째, 한마디 말이라도 사랑을 듬뿍 담아서 하라. 아내는 자신이 사랑받는다고 여겨 행복해진다. 둘째, 아내의 의견을 존중하라. 셋째, 가끔은 아내를 왕비처럼 대해 주어라. 넷째, 무슨 일이든 아내에게 정직하라. 다섯째, 아내와 아이를 위해 가끔은 앞치마를 둘러라.

이 다섯 가지를 습관처럼 꾸준히 하라. 아내는 자신이 받은 것 이상으로 돌려줄 것이다. 늘 지혜롭게 말하고 행동하는 남편이 아내에게 사랑받는 법이다.

아내를 온전히 사로잡고 싶다면
부드럽고 따뜻하고 자상한 남편이 되라.

아내는 유머 있는 남편을 좋아한다

사람이 유머 감각을 가진 것이 아니라,
유머 감각이 사람을 움직이는 것이다.

×

래리 길버트

유머란 오직 인간만이 가진 신성한 능력이다.

스위스 심리학자인 칼 구스타브 융의 말이다. 개나 소 같은 동물에겐 유머가 없다. 유머는 인간에게만 있는 특별한 재능이다. 유머가 인간관계에 미치는 영향은 상당하다. 모르는 사람끼리도 유머를 통해 금방 가까워진다. 유머가 인간관계를 부드럽게 해 주는 참 좋은 소통 수단이라는 의미이다.

유머는 부부 사이에도 꼭 필요한 소통 수단이다. 유머가 많은 남편은 아내가 늘 웃게 한다. 웃음을 주는 남편을 좋아하지 않을 아내는 없다. 유머가 있는 부부는 언제나 미소가 끊이지 않는다. 유머 경영 컨설턴트인 말콤 큐슈너는 유머의 중요성에 대해 이렇게 말했다.

유머 감각이 없는 사람은 미소 짓는 법이 없다.

유머 감각이 없는 사람치고 잘 웃는 사람은 보지 못했다. 남편이 유머 감각이 넘치면 아내의 입은 늘 싱글벙글이다. 아내는 유머 있는 남편을 좋아한다. 유머 있는 남편은 분위기를 잘 이끌고, 순간순간 임기응변에 능해 어려운 상황에서도 위기 대처 능력이 뛰어나다.

유머에 재주가 없다면 지금 당장 서점을 향해 달려가라. 수많은 유머 책이 당신을 기다리고 있을 것이다. 자신이 실천하기에 좋은 책을 사서 읽고 필요한 순간마다 상황에 맞는 유머를 날려라. 한 번 웃을 때마다 엔도르핀이 새록새록 피어나 당신의 아내는 무한한 행복감에 빠져들 것이다.

유머는 처음 보는 사람의 마음도 움직인다.

아내의 웃음이 클수록 가정의 행복도 크다.

긍정적인 남편이 아내에게 인정받는다

할 수 있다는 믿음을 가지면
그런 능력이 없을지라도
결국에는 할 수 있는 능력을 갖게 된다.

×

마하트마 간디

그에게 말하라. '예'와 '아니요'로 살라고 말이다. 좋은 것은 무엇이든지 '예'로, 나쁜 것은 무엇이든지 '아니요'로 말하라.

미국의 저명한 심리학자인 윌리엄 제임스의 말이다. 하라는 말은 창조적이고 생산적이지만, 하지 말라는 말은 비창조적이며 비생

산적인 말이다. 말 한마디는 아무것도 아니라고 생각할지 몰라도 인생을 바꿀 만큼 힘이 세다. 이는 결혼생활에도 그대로 적용된다.

아내에게 "하지 마!"라고 말하는 남편보다 "잘해 봐"라고 말하는 남편이 되어야 한다. 아내에게 "잘해 봐"라는 말은 선물을 사 주는 것보다도 효과적이다. 매사에 소심한 남편은 "하지 마!"라는 말을 밥 먹듯이 한다.

행복한 결혼생활을 위해서는 부정적인 말은 어느 때라도 해서는 안 된다. 남편이 자신의 가슴을 늘 긍정적인 생각으로 채워야 한다. 항상 아내에게 잘할 수 있다는 믿음을 심어 주는 긍정적인 남편이 되어야 한다. 긍정적인 마인드를 가진 남편이 결혼생활을 행복하게 하고, 아내를 유쾌하게 만든다.

나쁜 습관은 사자보다도 무섭지만 좋은 습관은 다이아몬드보다 좋다. "잘해 봐!"라는 말을 입에 달고 사는 남편이 되어야 한다. 아내에게 믿음을 심어 주는 가장 좋은 방법은 긍정의 마음을 전하는 것이다.

아내에게 긍정적인 남편이 되라.
그래야 남편에게서 희망을 보고
자신의 삶을 남편과 가족에게 쏟아붓는다.

나는 최고의 남편인가, 최악의 남편인가

가정의 단란함이 세상에서 가장 빛나는 기쁨이다.
자녀를 돌보는 즐거움은 가장 거룩한 즐거움이다.

×

페스탈로치

남편들의 행태는 크게 두 가지 타입으로 나뉜다. 아내와 자녀를 먼저 생각하고 행동하는 남편과 자신의 입장에서 생각하고 행동하는 남편이다.

아내와 자녀의 기쁨과 행복을 위해 그들을 먼저 생각하고 자신의 즐거움을 기꺼이 내려놓을 줄 아는 남편은 최고의 남편으로 부족함이 없다. 이런 타입의 남편은 무엇이든 자신보다는 가족의 행복을 추구한다.

아내와 자녀의 기쁨과 행복은 아랑곳하지 않고 스스로의 즐거움을 좇는 남편은 무엇이든 자신이 먼저다. 자신의 즐거움을 위해서라면 갖은 핑계를 동원해서라도 시간과 돈을 아끼지 않는다. 최악의 남편이라고 해도 지나침이 없다.

최고의 남편이 되기 위해서는 첫째, 휴일에 골프 치자고, 맛있는 술 있다고, 고스톱 하자고 사람들이 꼬드겨도 절대로 넘어가지 마라. 둘째, 가족과 함께 가끔은 봉사 활동을 해보라. 몇 배의 보람을 얻을 것이다. 셋째, 가족끼리 취미 활동을 하면 가족애를 키우는 데 큰 도움이 된다. 넷째, 가족끼리 영화를 보거나, 박물관을 가거나, 미술관을 가거나, 음악회에 가는 등 문화생활을 즐겨라. 다섯째, 가족과 함께 독서를 하고 토론 시간을 가져 보라. 여섯째, 가끔은 특별한 음식을 만들어 가족 파티를 즐겨라.

이 여섯 가지를 남편이 주도해서 실행해 보라. 생각보다 좋은 결과를 얻어 가족애를 키우는 데 큰 도움이 될 것이다. 뿐만 아니라 최고의 남편으로 아내에게 사랑받기에 손색이 없을 것이다. '남편의 사랑이 지극할 때 아내의 소망은 조그마하다'는 체호프의 말처럼 아내의 소망이 작아지도록 최고의 남편이 되라.

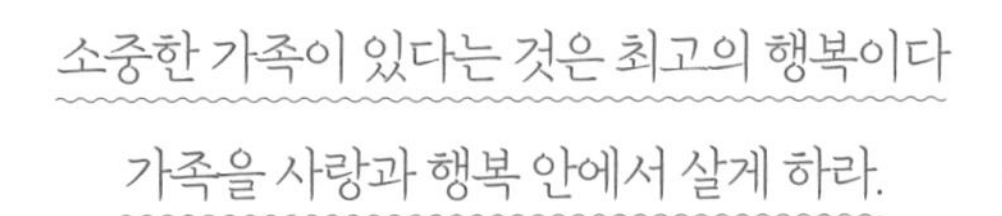

소중한 가족이 있다는 것은 최고의 행복이다

가족을 사랑과 행복 안에서 살게 하라.

세상에서 가장 행복한 남편 되기

세상에서 가장 행복한 남자는

좋은 아내를 얻은 남자다.

×

탈무드

아내의 행복은 남편 하기 나름이라는 말이 있다. 행복하다고 생각하는 남편들은 대개 아내에게 인정받는 남편들이다. 행복한 남편들은 먼저 아내에게 행복을 선물한다. 행복을 선물 받은 아내가 더 많은 행복을 담아 남편에게 선물하는 것은 당연하다.

불행하다고 믿는 남편들은 대개 아내로부터 불신을 산 남편들이다. 무엇이든 자기 위주고, 자기 멋대로이다. 이런 남편을 그냥 두고 보고 있을 아내는 없다. 자신이 받은 대로 뻔뻔스런 남편에게 되갚아 준다.

같은 아내도 남편이 하기에 따라 선한 아내가 되기도 하고 악처가 되기도 한다. 아내에게 대접받는 남편이 되기 위해서는 첫째, 아내를 연애하던 시절에 마음 졸이던 연인처럼 생각하라. 둘째, 아내는 '마님', 자신은 '몸종'이라고 생각하고 행동하라. 셋째, 아내에게 대접받고 싶은 대로 먼저 대접하라. 넷째, 아내가 기분 나쁘면 온 집안이 썰렁하다. 수단과 방법을 가리지 말고 아내의 기분을 풀어주어라. 다섯째, 아내를 화나게 하면 고스란히 자기에게 되돌아온다. 여섯째, 아내 알기를 황금같이 여기면 남편도 황금처럼 빛난다. 일곱째, 아내들은 작은 말에도 감동을 잘한다. 어리석어서가 아니라 아내들은 늘 남편의 사랑을 확인받고 싶어 하기 때문이다. 아내를 사랑하고 있다는 것을 수시로 보여 주어라. 이 일곱 가지를 습관화한다면 세상에서 가장 행복한 남편이 될 것이다.

아내의 남편 사랑은 남편 하기 나름이다.
아내에게 사랑받고 싶다면 사랑받게 행동하라.

아내에게 인정받고 싶다면 처갓집을 하늘처럼 받들어라

아내가 예쁘면

처갓집 말뚝에다가도 절한다.

×

한국 속담

'동가홍상'이라는 말이 있다. 같은 값이면 다홍치마라는 말이다. 어떤 이들은 같은 돈을 주고도 후줄근한 옷을 사는 사람이 있는가 하면, 어떤 사람은 아주 멋들어진 옷을 산다. 안목의 차이에서 오는 현상이다. 비단 물건을 살 때만이 아니다. 결혼생활에 있어서도 마찬가지다.

잘 알고 지내는 J는 직업이 의사다. 그는 약간 무뚝뚝한 성격인데도 장모한테는 유들유들하기가 어지간한 개그맨보다 더하다. 그의 장모는 이북 사람으로 성격이 뚱한 편이다. 그는 장모의 비위를 맞추기 위해 무뚝뚝한 자신의 성격을 최대한 부드럽게 바꾼다. 장모 앞에서 못하는 노래를 부르기도 하고, 가끔씩 용돈을 살며시 손에 쥐어 주고는 큰 덩치에 어울리지 않게 살인 미소를 날린다.

"우리 장모님은 언제 봐도 꽃 미인이십니다."

그러면 장모의 입은 한없이 벌어진다. J의 아내는 그런 모습을 배꼽을 잡고 웃으며 사랑스러운 눈길로 바라본다. 그들 부부는 누구보다도 행복하게 살고 있다.

아내에게 인정받고 살기를 원한다면 처갓집을 내 몸처럼 아끼고 사랑하라. 처갓집에 잘하는 남편은 아내로부터 '황제' 대접을 받지만, 그렇지 않으면 '머슴' 대접을 받는다. 황제 대접을 받는 남편이 진정 똑똑한 남편이다.

아내는 자신보다도 처갓집에

잘하는 남편에게 깊은 애정을 갖는다.

처갓집에 잘하는 남편이 최고의 남편이다.

아내에게 존경받는 남편 되기

아내 입장에서 보면

남편은 하늘처럼 우러러 바라보며 평생을 살 사람이다.

그러기 때문에 남편은

존경받을 만한 존재라야 한다.

×

맹자

영국의 문호 찰스 램이 혈기 왕성한 청년 시절에 겪은 이야기이다. 그에게는 마음 깊이 사랑하는 여인이 있었다. 찰스 램은 청혼을 하고자 그녀의 집으로 찾아갔다. 그는 사랑하는 여인이 당연히 청혼을 받아 줄 것이라고 믿었다.

그녀의 집 대문을 두드리자 밖으로 나온 사람은 집사였다. 찰스 램은 실망했지만 내색하지 않았다. 잠시 후 찰스 램은 집사의 말을 듣고 놀란 기색이 역력했다. 그녀가 자신을 만나고 싶어 하지 않는다는 말을 집사로부터 들었던 것이다.

찰스 램의 기대는 와르르 무너지고 말았다. 그는 어깨가 처져 집으로 돌아왔다. 돌아와서도 기분이 개운치 않아 견딜 수가 없었다. 자신이 무엇을 잘못했는지 아무리 생각하고 생각해 봐도 도무지 이유를 알 수 없었다. 생각 끝에 그는 편지를 써서 그녀에게 보냈다. 그로부터 며칠 후 답장이 왔다. 그녀의 편지엔 다음과 같이 쓰여 있었다.

나는 당신이 오는 모습을 기다리며 창가에서 밖을 내다보고 있었습니다. 마침내 당신이 우리 집을 향해 바삐 오는 모습이 보였습니다. 당신은 너무 서두른 나머지 마주 오던 여자와 부딪혀 그녀를 넘어뜨리고도 미안하다는 사과의 행동을 보이지 않았습니다. 그 광경을 보고 저는 생각했습니다. 약한 사람을 무시하고 자신의 잘못을 사과할 줄 모르는 당신과 결혼하는 것은 내겐 모험과 같다고. 나는 나의 미래를 당신에게 맡길 수가 없습니다. 이것이 당신의 질문에 대한 나의 답입니다.

크게 반성한 찰스 램은 평생을 살아가는 동안 빈부와 지위의 차별을 두지 않고 누구에게나 친절하게 대하는 삶을 살았다고 한다.

아내들은 찰스 램처럼 여자에게 함부로 구는 남자를 좋아하지 않는다. 그런 남자들에게 깊은 혐오감을 갖는다. 그런 남자를 남편으로 삼아 봐야 아내를 무시하고 제멋대로 굴게 뻔하기 때문이다.

아내에게 존경받는 남편이 되도록 노력해야 한다.

남편의 건강은 모든 가족의 건강이다

건강은 최고의 재산이다.

×

랄프 왈도 에머슨

남편이 건강해야 집안이 행복하다. 남편의 건강은 가족 모두의 건강이며, 나아가서는 사회와 국가의 에너지이다. 남편이 건강하지 못하면 가족은 흔들리고, 사회도 국력도 힘을 잃고 만다.

예전에 있었던 일이다. 평소 안면이 있는 D는 의사로서 분주하게 생활했다. 실력이 좋다는 소문이 나서 병원은 환자들이 끊이지 않았다. 그러다 어느 날부터인가 안색이 좋지 않았다. 알고 보니 간암이었다. 소식을 들은 가족들은 깊은 충격과 함께 슬픔에 잠겼다.

D는 의사답게 차분히 해야 할 일에 대해 생각했다. 그는 이식 수술을 받기로 하고 기증자를 찾기 시작했다. 다행히도 동생에게 기증을 받고 수술하였는데 경과가 좋았다. 가족들은 크게 기뻐하며 기쁨의 눈물을 흘렸다. 지금 그는 아주 건강하게 생활하면서 정기적으로 의료 봉사 활동을 펼치고 있다.

남편의 건강은 자신만의 것이 아닌 가족 모두의 것이다. 남편은 자신의 건강을 책임져야 할 의무가 있다. 남편이 쓰러지면 아내도 아이들도 모두 다 쓰러지고 만다. 건강을 위해 반드시 운동을 하는 것이 좋다. 조깅이든, 테니스든, 등산이든, 걷기든, 요가든 상관없다. 가장 잘 맞는 운동을 택해 땀을 흘려라. 땀방울을 흘리는 만큼 건강해진 나를 느끼게 될 것이다.

건강은 최고의 재산이며,
가족 모두를 기쁘게 하는 행복의 근원이다.
남편의 건강은 가족 모두의 건강이다.

아내를 감동시키면
집안에 화색이 돈다

중요한 것은 사랑을 받는 것이 아니라,

사랑을 하는 것이다.

×

서머셋 몸

서로가

모자라기에 그리운 것이

서로가 갈망하기에

안타까운 것이

주어도 주어도

받아도

받아도

언제나

목마른 아픔

내가 쓴 〈사랑 2〉라는 시이다. 시에서 보듯 사랑은 '주어도 주어도 / 받아도 / 받아도' 늘 목이 마르다. 사랑은 끝이 없다. 사랑은 그런 것이다.

여기서 한 가지 생각할 것은 사랑은 받기보다 주기가 더 행복하다는 사실이다. 많은 사람들은 사랑을 받아야 더 행복하다고 생각한다. 물론 그럴 수 있다. 그러나 자신이 진정으로 행복해지고 싶다면 사랑을 상대방에게 아낌없이 주어야 한다. 청마 유치환 시인도 시 〈행복〉에서 이르기를 '사랑하였으므로 나는 진정 행복하였네'라고 표현하였다.

부부 사이도 마찬가지이다. 남편이 아내를 감동시키면 가정이 행복해질 수밖에 없다. 아내가 남편의 사랑을 듬뿍 받으면 감동하여 행복의 에너지가 넘치고, 아내도 자신의 사랑을 남편에게 쏟아붓게 된다. 남편의 사랑과 아내의 사랑이 함께하면 강력한 사랑의 에너지가 발생된다. 그러니 어떻게 행복하지 않겠는가.

맨 위에 등장한 서머셋 몸의 말은 그래서 더욱 설득력을 갖는다. 행복한 결혼생활을 위해 아낌없이 아내에게 사랑을 베푸는 남편이 되라.

사랑은 받을 때도 행복하지만,

사랑을 줄 때 보다 큰 행복을 느낀다.

사랑하는 사람에게 사랑을 줄 때는

받는 이의 행복이 더해지기 때문이다.

가족을 위해 가끔은 요리사가 되라

왕이든 백성이든 자기의 가정에서
평화를 발견하는 사람이 가장 행복한 사람이다.

×

괴테

앞치마를 두른 남편들을 보면 같은 남자 입장에서도 참 보기가 좋다. 남편이 만든 음식을 가족들이 먹는 모습은 한 편의 멋진 사랑의 시를 읽는 것처럼 감동을 준다. 음식을 잘 만들면 더더욱 좋겠지만 조금 못하면 어떤가. 남편의 정성으로 만든 음식을 가족에게 먹일 수 있다면 그것만으로도 행복을 느끼기엔 충분하다.

후배 중 Y가 있다. 그는 요리하기를 매우 즐긴다. 사업을 하는 바쁜 중에도 일주일에 한두 번은 반드시 앞치마를 두르고 요리를 한다. 그가 한 음식을 먹어 보니 맛도 일품이었다.

"자네 음식 솜씨가 보통이 아니군. 식당을 차려도 좋겠어."

"처음엔 잘 못했어요. 하다 보니 의외로 재미있더라고요. 그때부터 요리 프로그램을 눈여겨보고, 요리책을 따라서 해보았지요. 시행착오를 거치다 보니 지금처럼 되었죠."

그는 내 말에 웃으며 말했다. 아내는 물론 두 아이들도 그가 해주는 음식을 즐겨 먹는다고 했다. 가족을 위해 요리하는 모습은 멋진 그림이자 한 편의 시와 같았다.

가끔은 앞치마를 둘러 보라. 앞치마를 둘러 가족이 행복해진다면 기꺼이 주방을 접수하라. 그런 당신이 진정 지혜로운 남편이다.

가족을 위해 앞치마를 두르고

요리를 하는 남편은 생각만으로도 참 멋져 보인다.

당신이 그 주인공이 되어 보라.

나쁜 습관을
통제하라

자신의 습관을

자유롭게 통제하는 사람은

인생에서 많은 일을 할 수 있다.

×

미키 기요시

결혼하기 전엔 고스톱을 하든, 당구를 치든, 카드놀이를 하든, 컴퓨터 게임을 하든 지나치지만 않으면 크게 문제될 게 없다. 결혼을 하고 나면 사정이 180도 바뀐다. 이젠 혼자가 아니라 둘이 하나가 되었다. 뭐든지 둘의 생각에 맞춰야 하고, 내가 싫어도 사랑하는 아내를 위해서라면 해야 한다. 결혼 전처럼 날밤을 새워 가며 고스톱을 한다든지, 카드놀이에 빠진다든지, 컴퓨터 게임에 몰입돼 키득거린다든지 하는 일을 되풀이한다면 큰 문제가 된다. 그것을 이해해 줄 태평양처럼 넓은 마음을 가진 아내는 어디에도 없다.

친구 P의 아들은 결혼을 한 지 1년도 채 안 되어 이혼을 했다. 결혼 전부터 워낙 게임을 좋아하더니, 결국 게임으로 인해 행복해야 할 결혼생활이 깨지고 말았다. 날밤을 새워 게임하는 남편을 좋아해 줄 아내는 세상 어디에도 없다.

어떤 철딱서니 없는 남편은 밤새워 포커에 빠져 회사를 등한시하는 바람에 잘리고 말았다. 그런 사원을 계속 데리고 있을 회사는 눈 씻고 찾아봐도 없다. 역시 아내에게 버림받는 처량한 신세가 되고 말았다.

좋은 습관은 득이 되지만 나쁜 습관은 패가망신을 불러온다. 문제는 나쁜 습관은 달콤한 꿀과 같아 쉽게 끊지 못한다는 점이다. 자신과 아내를 위해서라면 사생결단을 하는 심정으로 반드시 끊어버려야 한다. 그렇지 않으면 행복한 결혼생활은 영원히 물 건너가고 만다. 자신의 나쁜 습관을 통제하는 남편이 되라.

쓸데없는 곳에 시간을 낭비하는 것은 죄악이다.

시간을 도둑질하는 것이기 때문이다

가장 아름다운 공간, 가정을 지켜라

가정은 아버지의 왕국, 어머니의 영토며,
아이들의 보금자리이다.
가정은 안심하고 모든 것을 맡길 수 있으며,
서로 의지하고 사랑하며 사랑받는 곳이다.

×

H.웰즈

영국의 옥스퍼드대학 교수이자 평론가였던 존 러스킨이 가정에 대해 이렇게 말했다.

가정은 평화의 장소이다. 위험뿐만 아니라 두려움, 의심, 분열에서 피할 수 있는 유일한 안식처이다.

미국의 유명 목사였던 빌리 그레이엄은 다음과 같이 말했다.

가정은 안전한 휴식처이며, 기본을 습득하는 학교며, 하나님의 공경을 받는 교회며, 정과 기쁨이 오가는 처소다.

존 러스킨과 빌리 그레이엄의 말처럼 세상에서 가장 아름다운 공간은 가정이다. 가정은 꿈의 공간이며, 사랑의 공간이며, 행복의 공간이다. 이처럼 소중한 가정을 지키기 위해서는 남편과 아내, 아이들 모두가 하나가 되어야 한다.

어떤 남편들은 친구들과 어울리느라 정작 아내를 소홀히 하는 경우가 있다. 친구들과의 의리를 중요하게 생각하는 반면 아내는 뒷전으로 여긴다. 이런 남편들이 반드시 알아 두어야 할 것이 있다. 만일 자신이 어려운 상황에 놓이면 가장 먼저 누가 구해 주리라고 생각하는가? 가족인가, 아니면 친구인가? 위기에 빠져 본 사람은 하나같이 가족이라고 말한다.

가족은 아무리 힘겨워도 당신을 배반하지 않는다. 없으면 못 산다고 함께 술을 퍼마시던 친구들은 예의상 한두 번 정도 위로하고 안타까운 표정으로 바라본다. 시간이 흐르면 흐를수록 친구들의 마음은 서서히 변해 간다. 혹시라도 당신이 손이라도 내미는 일이 생길까 봐 미리 방패막이를 치는 것이다.

친구는 그냥 친구일 뿐이다. 가족을 먼저 챙기는 남편이 되어야 한다. 나의 못남과 아픔, 고통을 가장 먼저 이해해 주고 힘을 주는 사람들은 바로 가족이다.

가족은 세상에서 가장 소중한 사람이다.

어떤 상황에서도 가족을 책임지는

자애로운 남편이자 다정한 아빠가 되어야 한다.

과음을 멀리하고 적당히 마시기

목이 마를 때
한 방울의 술은 단 이슬과 같지만,
취한 후에 잔을 더한다면
마시지 않는 것보다 못하다.

×

명심보감

과유불급이라 했다. 넘침이 오히려 해가 된다는 말이다. 아무리 영양가가 높은 음식이라도 지속적으로 먹으면 탈이 나고 만다. 하물며 술을 계속 먹는다면 불을 보듯 뻔하다. 무엇이든 적당한 것이 좋다. 술 역시 마찬가지다. 적당히 마시면 혈액 순환에도 좋다고 한다.

그럼에도 술을 지나치게 마셔대는 사람들이 있다. 기분이 좋아서 한 잔, 기분이 꿀꿀해서 한 잔, 친구하고 어울리느라 한 잔, 회식으로 한 잔……. 아무튼 술 좋아하는 사람들은 무슨 술 마실 핑계가 그리도 많은지 모르겠다. 마치 초파리가 음식에 달라붙는 모습과 같다. 이런 사람들은 절제력을 키울 필요가 있다. 절제력을 키우면 아무리 마음속에서 술을 마시라고 유혹의 메시지를 보내도 넘어가지 않는다. 무슨 일이든 문제는 본인에게 있는 것이다.

남편들의 몸은 자신만의 소유가 아니다. 첫째는 아내를 위해, 둘째는 자식을 위해, 셋째는 부모님을 위해, 넷째는 직장을 위한 몸이다. 술로 말미암아 몸을 망가뜨리면 모두에게 못할 짓을 하는 것과 같다. 술의 무익함에 대해 토머스 그레이는 다음과 같이 말했다.

술은 평화와 질서의 적이며, 부인에겐 공포며, 언제나 무덤을 파는 것의 주체며, 어머니의 머리를 세게 하는 것이며, 슬픔으로 무덤에 가게 하는 존재다. 아내의 사랑을 실망케 하며, 어린이들에게 웃음을 빼앗는다. 가정에서 음악을 없애 버리고, 가정을 슬픔으로 차게 만드는 것, 그것은 곧 술이다.

미국의 대표적인 시인 롱펠로도 술의 무익함에 대해 말했다.

더 이상 술잔에 손을 대지 말라. 가슴 속속들이 병들게 한다. 술의 향기는 죽음 사자의 입김이며, 술잔 속에 나타나는 빛은 죽음 사자의 흉한 눈초리다. 조심하라. 질병과 슬픔과 근심은 모두 술잔 속에 있다.

술을 즐기되 술독에 빠져서는 안 된다는 철칙을 세우고 지키는 남편이 지혜로운 남편이다.

술을 절제하라.
잘못 마시면 술이 아니라 독이 된다.

자신의 말에 책임지기

자기가 입에 올린 말에는

충실함과 믿음이 있어야 한다.

열성과 진실로

약속한 일을 행동에 옮겨야 한다.

×

장사숙

아내에게 한 말을 지키지 않고 은근슬쩍 넘어가는 남편들이 많다. 아내는 남편 맘대로 해도 된다는 의식이 마음 깊이 깔려 있는 사람이다. 아내를 한 사람의 인격체로 본다면 있을 수 없는 일이다. 부부가 늘 갈등의 불씨를 안고 있는 것과 마찬가지이다. 아무리 순한 양 같은 아내라도 남편의 무책임한 말에 반기를 드는 순간이 반드시 있다. 그럴 때 아내는 평소의 아내가 아니라 투사와 같다. 남편이 반성하지 않고 여느 때처럼 은근슬쩍 넘어가려고 한다면 착각의 극치며 큰 오산이다.

지인 중 C는 친구들 사이에서는 믿음과 신뢰가 있는 친구로 통한다. 그래서일까. 그는 늘 이런저런 모임으로 분주하다. 문제는 집에서는 불성실한 남편이며 아빠라는 점이다. 그는 아내나 아이들에게 한 말에 책임을 지지 않는다. 문제를 제기하면 은근슬쩍 넘어간다.

"아차, 깜빡했네. 다음엔 조심할게."

매사에 이런 식이다 보니 아내는 그의 말이라면 무조건 귀를 닫아 버린다. 들어 봤자 영양가 없는 말이고 하등의 가치가 없는 말이기 때문이다.

어느 날 부부 싸움을 대판 벌였다. 아내가 신신당부한 말을 귓등으로 흘려보내고 만 것이다. 그동안 참아 왔던 아내가 드디어 반란을 일으켰다. 아내는 아이들과 친정으로 가 버렸다. 아무리 사정을 해도 아내는 꿈쩍도 않았다. 결국 그는 백기를 들고 다음부터는 말에 책임을 지겠다는 각서를 쓰고 말았다. 아내는 각서대로 지키지 않으면 이혼하겠다는 강력한 말 폭탄을 날리고서야 집으로 복귀했다.

좋은 남편은 아내에게 믿음을 주는 사람이다. 가장 가까운 사람이라는 이유만으로 대충 얼렁뚱땅 넘어가는 행동은 못난 남편들이나 하는 짓거리이다. 못난 남편이 되지 말아야 한다.

♥

자신이 한 말에 책임지지 않는 것처럼
비열한 짓은 없다.
가족에게 한 말은 반드시 책임지고 행하라.

제2의 인생을 준비하기

나만이 내 인생을 바꿀 수 있다.
아무도 날 대신해 주지 않는다.

×

캐롤 버넷

현대 사회는 변화가 심한 사회이다. 붙박이 직장이라고는 없다. 물론 공무원이나 공사 직원은 예외라고 하지만 언제 어떻게 변할지 모른다. 인간의 수명은 길어지는 반면 직장생활은 안정적이지 못하다. 점점 정도가 심해지고 있다. 대기업 평균 근무 연한이 10년도 채 안 된다고 한다. 믿을 건 오직 자신밖에 없다. 하지만 '나는 아니겠지' 하며 자신을 과신하는 이들이 많다.

대기업 간부로 잘 나가던 Y가 있다. Y는 감사실 실장으로 막강한 실권을 가졌다. 그는 같은 동기들 사이에서도 부러움의 대상이었다. 그러다 돌연 감사실장에서 물러났다. 더 충격적인 것은 잘리고 말았다는 사실이다. 그가 잘린 이유는 뇌물 때문이었다. 그는 감사실장이라는 직책을 이용하다 결국 백수가 되고 말았다.

Y는 자기 자리가 마르고 닳도록 영원할 줄 알았다. 아무것도 준비해 놓은 게 없었다. 무엇을 해보려고 해도 엄두가 안 났다. 무엇이라도 해야만 했던 그는 남의 말만 듣고 덜컥 고깃집을 차렸다. 고깃집은 오래가지 못하고 빚만 잔뜩 진 채 폐업했다. 직접 알아볼 만큼 알아보고 자신감이 섰을 때 해야 하는데 남의 말만 믿은 잘못이 컸다. 하루아침에 극빈층으로 전락하고 말았다. 그는 지금 힘겹게 하루하루를 버티고 있다.

앞으로의 일은 아무도 모른다. 한때 잘나가던 Y처럼 언제 어떻게 될지 모르는 인생이다. 만일을 대비해 자격증을 따 놓는 것도 좋은 방법이다. 자격증 하나 없다면 스스로를 방치하는 꼴이다.

지금 당장 시간을 내어 가장 잘할 만한 일에 시간을 투자하라. 어느 누구도 새롭게 시작할 내 인생을 바꾸어 주지 않는다. 나만이 내 인생을 바꿀 수 있다. 제2의 인생을 준비하는 것은 오직 자신과 가족을 위해서다. 시기를 기다리지 말고 지금 당장 새 인생을 준비하라.

♥

제2의 인생을 사는 시대이다.

오래 사는 건 분명 축복이지만,

구질구질하게 살지 않으려면 철저하게 준비해야 한다.

그래야 제2의 인생이 행복해진다.

무엇이라도
아내와 의논하라

부부라는 사회에서는 일에 따라
각자가 상대를 돕거나 때로는 상대를 지배한다.
부부는 대등하면서도 다르다.
부부는 다르므로 대등한 것이다.

×

알랭

남편들이 흔히 하는 실수는 내 아내는 내 맘대로 해도 된다는 몰상식한 행동이다. 아내는 남편의 부속물이 아니다. 아내는 남편과 동일한 인격체며 평등한 관계에 있다. 그런데도 아내를 자기 눈높이 아래에 두는 남편들이 있다. 매우 어리석은 일이며 자살 행위와도 같다. 요즘 아내들은 그런 남편을 좋아하지 않는다. 자신을 인격적으로 대해 주는 남편을 좋아한다.

잘 아는 변호사가 해 준 이야기이다. 그가 이혼 소송을 맡았는데 같은 남자 입장에서 봐도 너무도 어처구니가 없었다고 한다. 남편은 외과 의사이고 아내는 평범한 주부이다. 남편은 툭하면 아내에게 인격적인 모독이 들 만큼 핀잔을 주었다.

"너는 뭐 하나 제대로 하는 게 없냐?"

"너는 대체 무엇을 위해 사냐?"

더구나 뭐든지 아내와 상의 없이 제멋대로 했다. 아내는 있으나 마나 한 그림자와 같은 존재였다. 아내는 묵묵히 견디어 왔다. 그러다 드디어 폭발을 하고 말았다. 남편이 뭐라고 해도 항상 공손하기만 했던 아내가 폭탄선언을 한 것이다.

"그러는 너는 의사질 빼고는 뭘 잘하냐?"

뜻하지 않은 아내의 반격에 잠시 할 말을 잃은 의사는 아내의 뺨을 갈겼다. 아내는 그에게 이혼을 요구했고, 얼마 후 정식으로 이혼하고 말았다. 시간이 지나면서 그는 전처가 얼마나 헌신적인 아내였는지를 깨달았다. 의사가 다시 결합하기를 요청했으나 전처는 진저리를 치며 거절했다고 한다. 아내를 업신여기고 무시하는 남편들에게 시사하는 바가 큰 이야기이다.

아내에게 사랑받고 존경받는 남편이 되려면 먼저 존중하고 아껴 주어야 한다. 작은 일에도 세심하게 관심을 가지고, 어떤 일이라도 반드시 아내와 의논해야 한다. 아내들이 남편들에게 갖는 가장 큰 불만은 함부로 대하고 무슨 일이든 상의 없이 마음대로 하는 행동이다. 진정으로 당신의 아내를 사랑하고 아낀다면, 그래서 행복한 삶을 지속하길 원한다면 인격적으로 대해 주고 어떤 일이라도 협력하고 의논하라. 그것이 현명한 남편이 취해야 할 바람직한 자세이다.

아내 위에 군림하려는 생각을 갖고 있다면
지금 당장 쓰레기통에 던져 버려라.
스스로를 구속하는
아무짝에도 쓸모없는 헛된 생각일 뿐이다.

잘못한 일은 즉시 인정하라

실수를 부끄러워하지 마라.

실수를 부끄러워하면 죄가 된다.

×

공자

자신이 잘못한 일을 인정하지 않는 남편들이 많다. 잘못을 인정하면 아내에게 발목이 잡힌다고 여기거나 자존심이 무너진다고 생각한다. 부부 간의 신뢰를 위해서라면 옳지 않은 행동이다. 이런 일을 놓고 지혜로운 남편이냐, 아니면 미련한 남편이냐를 알 수 있다. 잘못을 인정하는 남편은 아내와의 관계를 위해 자신을 굽히는 영리

한 남편이다. 무턱대고 오리발을 내미는 남편은 내쳐짐을 당할 수 도 있는 바보 같은 남편이다. 그렇다면 어떤 남편이 되어야 할까. 다음 말에 그 해답이 있다.

가끔은 혁신을 추구하다 실수할 때도 있습니다. 하지만 재빨리 인정하고 다른 혁신을 개선해 가는 것이 최선입니다.

스티브 잡스가 한 말로, 실수를 인정하는 바람직한 자세에 대해 잘 알려 준다. 스티브 잡스 같은 경영의 귀재, 혁신의 귀재도 실수를 연발했다. 그는 실수를 부끄러워하거나 감추지 않았다. 언제나 실수를 인정했고, 두 번 다시 같은 실수를 되풀이하지 않으려고 노력했다. 그 결과 그는 '애플'을 세계 최고, 최대의 기업으로 만들었다.

스티브 잡스의 말에서 보듯 가정에서 남편들이 실수를 하면 즉시 인정하는 자세를 가져야 한다. 아내에 대한 예의이며 사랑받는 길이다. 실수를 인정하지 않는 남편은 아내에게 사랑받을 수 없다. 아내가 남편을 믿지 못하기 때문이다.

남편이 아내와의 관계를 계속 이어 가고 싶다면 잘못을 즉시 인정하고 사과하라. 한 번 굽혀 실수에서 벗어나는 편이 현명하다. 변명하고 버텨 봐야 결국 자신만 손해를 본다. 현명한 남편의 길을 가라.

실수를 인정하는 남편이 되라.

실수를 부인하면 아내에게 신뢰를 잃는다.

실수를 인정하는 것도 용기이다.

책을 가까이하고 자주 읽어라

좋은 책을 읽는다는 것은

과거에 가장 훌륭한

사람들과 대화하는 것과 같다.

×

데카르트

인류 역사상 가장 훌륭한 유산을 꼽으라면 책이라고 하겠다. 책은 삶과 역사, 사상과 철학, 문학과 예술 등을 전달하는 매개체로서 인류에게 큰 공헌을 해 왔고, 지금도 수많은 책들이 발간되고 있다. 이처럼 유익한 책들이 인터넷에 밀려 독자들에게 외면당하고 있다.

우리 사회의 중심축을 이루는 남편들이 자기 계발을 위해 책을 읽어야 함에도 컴퓨터를 더 선호하고 있다. 컴퓨터의 사용 목적도 불필요한 채팅이나 게임이 큰 비중을 차지한다. 해가 되는 매체에 빠져 시간을 쏟는다면 남편들은 퇴보의 길을 걸을 수밖에 없다. 영국 수상을 두 번이나 역임한 벤저민 디즈레일리는 말했다.

단 한 권의 책밖에 읽지 않은 사람을 경계하라.

책을 읽지 않는 사람은 사귈 가치가 없다는 말이다. 그런 사람은 인생에 하등 도움이 되지 않기 때문이다.

독서 습관을 몸에 지닌다는 것은 인생에 있어서 거의 모든 불행으로부터 당신을 지켜 주는 피난처를 마련한다는 것이다.

서머셋 몸의 말이다. 책은 인생을 살아가는 데 필요한 모든 지혜의 결정체이다. 책을 가까이하여 자주 읽는 남편이 되라. 책을 읽는 만큼 인생은 새로워질 것이다.

책은 가장 좋은 스승이다.

책 읽는 남편은 지혜롭고 현명하다.

책을 가까이에 두고 늘 애독하라.

사랑받는 남편, 외면당하는 남편

아내를 다룰 줄 모르는 남자는

참으로 불쌍한 사람이다.

×

콜리지

사회는 하루가 다르게 급변하고 있다. 변화의 물결 속에 가정의 패턴도 바뀌고 있다. 아내들은 과거와 달리 주장이 강하고 남편과는 평등 관계 속에서 가정을 이끌어 간다. 과거의 수동적인 아내에서 능동적이고 적극적인 아내가 되고 싶어 한다. 어떤 면에서는 오히려 남편을 능가한다. 그럼에도 아직 가부장적인 패턴대로 남편 노릇을 하려는 사람들을 종종 본다. 꼴사나운 짓을 그냥 두고 보는 아내들은 없다.

사랑받는 남편이 되기 위해서는 아내를 본인보다 아끼고 사랑해야 한다. 최선의 마음으로 대해야만 아내에게 인정받고 사랑받는 남편이 된다. 영국 빅토리아 시대의 대표적인 시인인 알프레드 테니슨은 아내에게 함부로 구는 것을 경계하며 말했다.

자신의 아내를 얕보는 것은 스스로를 깎아내리는 행위이다.

《탈무드》에는 다음과 같이 나와 있다.

까닭 없이 아내를 괴롭히지 마라. 그녀의 눈물방울을 하나님께서 세고 계신다.

알프레드 테니슨이나 《탈무드》의 말은 아내에게 외면받지 않으려면 관심을 갖고 잘 대해 주어야 함을 말한다. 아내에게 사랑받는 남편이 되려면 부드럽고 친절하고 따뜻해야 한다. 자기 무덤을 스스로 파는 일을 해서는 안 된다.

아내에게 사랑받는 남편이 되려면

부드럽고 따뜻해야 한다.

가부장적인 남편은 그대로 아웃임을 유념하라.

청춘으로 사는 남편 되기

돈이 있으면

세상에서 많은 일을 할 수 있다.

그러나 청춘은 돈으로 살 수 없다.

×

페르디난트 라이문트

미국 시인인 사무엘 울만은 시 〈청춘〉에서 다음과 같이 노래했다.

또한 너나 없이 우리 마음속에는 영감의 수신탑이 있어

사람으로부터든, 신으로부터든

아름다움, 희망, 희열, 용기, 힘의 전파를 받는 한

당신은 청춘이다.

그러나 영감은 끊어지고

마음속에 싸늘한 냉소의 눈은 내리고,

비탄의 얼음이 덮여 올 때

스물의 한창 나이에도 늙어 버리나

영감의 안테나를 더 높이 세우고 희망의 전파를 끊임없이 잡는 한

여든의 노인도 청춘으로 죽을 수 있다.

사무엘 울만의 표현처럼 영감이 끊어지고, 마음속에 싸늘한 냉소의 눈이 내리고, 비탄의 얼음이 덮이면 스물의 나이도 늙음과 같다. 하지만 영감의 안테나를 더 높이 세우고 희망의 전파를 끊임없이 잡으면 노인도 청춘으로 죽을 수 있다. 결국 마음의 자세를 어떻게 갖느냐 하는 것이다.

어떤 남편은 나이가 들었음에도 실제 나이보다 젊은 감각을 유지한다. 말도, 생각도, 행동도, 패션도 최대한 젊게 한다. 아내들은 이런 남편에게서 신선함을 느끼고 사랑하는 마음을 갖는다. 어떤 남편은 어린 나이에도 말도, 생각도, 행동도, 패션도 완전히 꼰대 같다. 아내들은 이런 남편에게서 고리타분함을 느껴 애정을 갖지 못하고 불만을 토로한다.

남편들이 삶을 활기차게 하여 청춘의 마음으로 살기 위해서는 언제나 청춘이라고 생각하고, 무엇이든 할 수 있다는 자신감을 가져야 한다. 그렇게 실천에 옮겨야 멋진 남편으로 살아가면서 아내에게 사랑을 듬뿍 받는다. 소중한 인생을 위해 푸른 청춘으로 살아

가는 남편이 되라.

♥

성년부중래盛年不重來라는 말이 있다.
도연명의 시에 나오는 한 구절로,
'청춘은 다시 돌아오지 않는다'는 뜻이다.
나이가 들어도 청춘으로 살아가려는 마음과 자세는
현대의 남편들이 반드시 갖춰야 할 덕목이다.

쓸데없는 허세에 물들지 않기

빈 수레가 요란하다.

×

서양 격언

허세는 밖으로 드러내지 않아서 그렇지 누구에게나 조금씩은 잠재되어 있다. 다만 사람에 따라 많고 적음의 차이가 있을 뿐이다. 허세가 지나치면 항상 문제를 야기한다. 허세는 사람의 이성을 마비시키기도 하고, 그로 인해 판단력이 상실되기도 한다. 남자들의 허세는 여성들의 허영심과 같다고 할 수 있다. 그런 만큼 쓸데없는 허세는 늘 위험성을 지니는 것이다.

잘 아는 사람 가운데 H는 기분파로 통한다. 그는 사람들과 음식을 먹고 나서는 항상 자신이 먼저 계산한다. 술집에서나 노래방에서도 마찬가지다. 그뿐만이 아니다. 그는 좋은 차를 타고, 좋은 옷을 입고, 어느 곳에서나 과시하려고 한다. 문제는 그가 경제적으로써 넉넉하지 못하다는 것이다. 그는 언제나 돈 때문에 전전긍긍한다. 그가 보이는 행동은 허세에 불과하다.

허세는 궁핍과 파멸로 이끄는 악의 요소이다. 허세에 대해 미국의 가수인 커트 코베인은 이렇게 말했다.

가장 큰 죄악은 허세를 부리는 것이다.

20세기 최고의 물리학자인 아인슈타인은 다음과 같이 말했다.

나는 간소하면서도 아무 허세 없는 생활이야말로 육체를 위해서나 정신을 위해서나 모든 사람에게 최정상의 것이라고 생각한다.

커트 코베인이나 아인슈타인의 말은 허세로 물드는 것을 경계하고 있다. 허세는 백해무익하며 파멸로 이끄는 무서운 '악'과 같다. 그렇다면 해답은 간단하다. 절대로 허세의 함정에 빠지지 마라. 허세는 누구에게나 허황된 마음일 뿐이다.

허세를 부리는 남편은 아내에게 믿음을 주지 못한다.

물가에 세워 둔 아이처럼 위태위태하다.

허세에 빠지지 않도록 늘 경계하고 경계하라.

아내의 마음을 읽어 주는 최고의 남편

내가 존재하는 목적은 단 한 사람에게
필요한 사람이 되기 위해서다.

×

비 파트낭

아내들은 자신의 마음을 알아주는 남편을 최고의 남편으로 생각한다. 지금 아내가 원하는 것이 무엇인지, 아내의 고민이 무엇인지, 아내가 하고 싶은 것은 무엇인지를 미리 알아서 챙겨 준다면 크게 감동할 수밖에 없다.

아내가 무엇을 원하는지, 무엇을 하고 싶어 하는지. 무엇을 필요로 하는지에 대해서 일체 함구를 하고는 자신이 원하는 것만 요구하는 사람은 남편으로서의 자격이 없다. 이런 남편을 좋아할 아내는 어디에도 없다. 같은 남자가 봐도 한 대 때려 주고 싶다.

아내의 마음을 몰라주는 남편은 항상 불씨를 안고 있는 상태이다. 언제든지 아내의 분노가 폭발할 수 있다.

벤저민 디즈레일리는 아내를 무척이나 사랑한 것으로 널리 알려졌다. 아내도 그를 끔찍하게 아꼈다. 디즈레일리가 보인 행동은 철저한 자기 경험에서 나온 것이다. 그의 모습을 참고하여 그대로 실천해 보라. 지금까지의 삶과는 전혀 다른 삶으로 나아갈 수 있을 것이다. 모든 경험은 가장 슬기롭고 확실한 해법이기 때문이다.

남편이 아내에게 필요한 단 한 사람이 되기 위해서는

아내의 마음을 읽고서 원하는 것을

미리 알아서 해줄 수 있어야 한다.

아내의 마음을 읽어 주는 최고의 남편이 되라.

나와 함께 살아갈 당신에게

초판 1쇄 인쇄 2022년 11월 1일
초판 1쇄 발행 2022년 11월 8일

지은이 김옥림

펴낸이 박세현
펴낸곳 팬덤북스

기획 편집 김상희 곽병완
디자인 이새봄
마케팅 전창열

주소 (우)14557 경기도 부천시 조마루로 385번길 92 부천테크노밸리유1센터 1110호

전화 070-8821-4312 | **팩스** 02-6008-4318
이메일 fandombooks@naver.com
블로그 http://blog.naver.com/fandombooks

출판등록 2009년 7월 9일(제000 0610020090000081호)

ISBN 979-11-6169-225-8 03190